come capire e addestrare il tuo cane

Su Harvey

come capire e addestrare il tuo cane

Creato, modificato, progettato e prodotto da Duncan Petersen Publishing Ltd
C7 Old Imperial Laundry, Warriner Gardens, London, SW11 4XW

Credits delle foto a pagina 208

Redattore Hermione Edwards
Direttore di produzione Jacqui Sayers
Direttore editoriale Andrew Duncan
Grafici Ian Midson, Anthony Limerick
Grafica copertina Nigel Soper
Fotografia Bill Stephenson

Per l'edizione italiana

Via dell'Industria,
47822 Santarcangelo di Romagna

Traduzione a cura di Magic Press Service srl
Ariccia (Roma)

Stampato in Cina nel 2011

SOMMARIO

INTRODUZIONE

Dal giorno in cui portate a casa un nuovo cucciolo o un cane, questo libro vi sarà molto utile. "Come capire e addestrare il tuo cane" vi permetterà di godere appieno di una splendida amicizia con un cane felice e ben addestrato. Il linguaggio del vostro corpo, in armonia con la naturale capacità di gestire il cane, renderà l'educazione del vostro cucciolo o del cane molto più semplice di quanto immaginiate. Avendo addestrato cani per anni e anni, mi sono resa conto che non si tratta di un compito difficile se gli si riescono a dare chiari segnali con il corpo e con il viso. E non solo: alcuni di questi segnali dovrebbero mostrare un po' del vostro umore. I cani percepiscono l'umore delle persone che li circondano e sono contenti quando vi sentono ridere (quindi, ridere quando il cane fa qualcosa di sbagliato non è una buona idea). Noi amiamo i nostri animali, ma non siamo contenti di loro quando si comportano male. Perciò, anche se avete un cane da molto tempo, questo libro fa comunque per voi. Potete insegnare a un cane non più giovane dei trucchi nuovi, o rieducarne i comportamenti indisciplinati. Ricordate, soprattutto, che l'addestramento comincia a casa. Se non avete il controllo tra le mura domestiche, certamente non lo avrete neanche altrove. Alla fine, il vostro scopo (e il mio in questo libro) è di avere un cane così ben addestrato che, anche in caso di rottura del guinzaglio, non sfugga al vostro pieno controllo. O che, se siete a secco di croccantini, risponda comunque agli ordini.

Su Harvey

Linguaggio del corpo giusto e sbagliato – un'introduzione

GIUSTO. Il linguaggio del corpo in questo caso indica accoglienza.

GIUSTO. Quanto espresso qui dal linguaggio del corpo può essere chiaramente visto a distanza. Utilizzatelo per richiamare il vostro cane.

GIUSTO. Mostrategli la posizione alla quale deve arrivare mentre vi si avvicina: proprio come quando si parcheggia un'auto.

GIUSTO. Una volta che il cane si è seduto di fronte, rivolto verso di voi, sarà pronto per un nuovo segnale. Un segno chiaro che gli indichi di girare in cerchio dietro di voi, per arrivare nella posizione al piede, pronto ad accompagnarvi in una passeggiata.

GIUSTO. Notate la rigidità e la posizione del corpo. Indica: "Stai lontano: non sono interessato".

GIUSTO. Questa posizione è facilmente leggibile come "Vieni a giocare con me".

SBAGLIATO. Piegarsi verso il cane e dare dei colpetti sulle gambe potrebbe confonderlo. Tutto ciò che vedrà il cane sarà la parte superiore della vostra testa.

SBAGLIATO. Torreggiare sopra un cane può sembrargli minaccioso, col risultato di respingerlo.

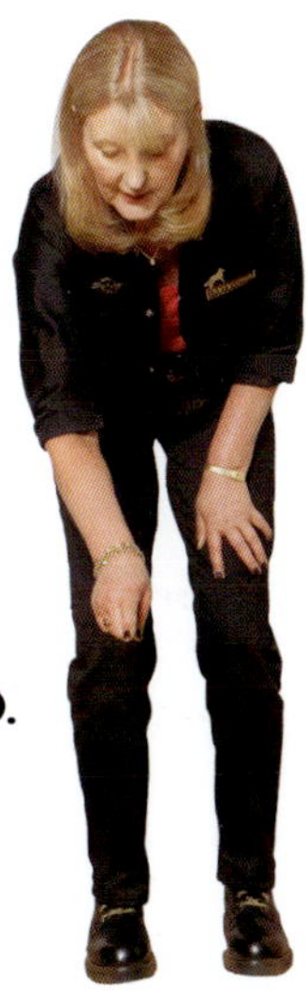

SBAGLIATO. Questo dito merita di essere morsicato.

SBAGLIATO. Questo atteggiamento trasmette la mancanza di interesse nel gioco.

I FONDAMENTI DEL LINGUAGGIO DEL CORPO

Quando le persone comunicano dei segnali con il linguaggio del corpo, possono avere piccole varianti nella postura, così come succede a cani diversi. Piegarsi leggermente in avanti è naturale, specialmente con un cane più piccolo. Cercate di piegare le ginocchia piuttosto di torreggiare sul cane. Il linguaggio del corpo di ogni addestratore è leggermente diverso a causa della postura naturale. Quindi, mentre eseguite le mie istruzioni, fidatevi del vostro istinto.

LE TRE ATTIVITÀ FONDAMENTALI

VOCE, ESPRESSIONE FACCIALE E SEGNALI CON LE MANI

È molto più semplice addestrare un cane se ci si capisce a vicenda. Il linguaggio del corpo sarà naturalmente efficace se unito alla vostra voce, all'espressione del volto e ai segnali con le mani. Non si tratta di ingegneria aerospaziale: gli esseri umani usano questi gesti tra di loro in ogni momento. Giudicare l'umore di qualcuno senza sentirgli pronunciare una parola è la seconda natura di un cane, così come lo è per voi. Mentre cominciate a conoscere il vostro cane e lui comincia a conoscere voi, inizierete a leggere il linguaggio del corpo l'uno dell'altro senza nemmeno accorgervene.

Provate a mettervi a quattro zampe, agitate il fondoschiena e sorridete al vostro compagno. Ridete? I cani: si rendono conto che non siete seri, siete giocosi. Cosa significa quando un cane si comporta allo stesso modo?

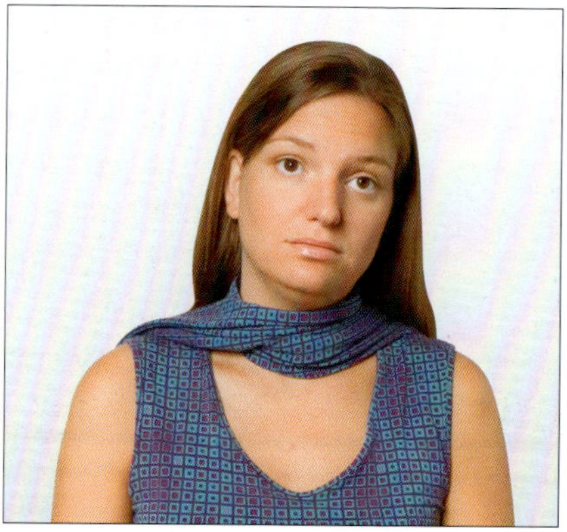

Perché fai quella faccia?

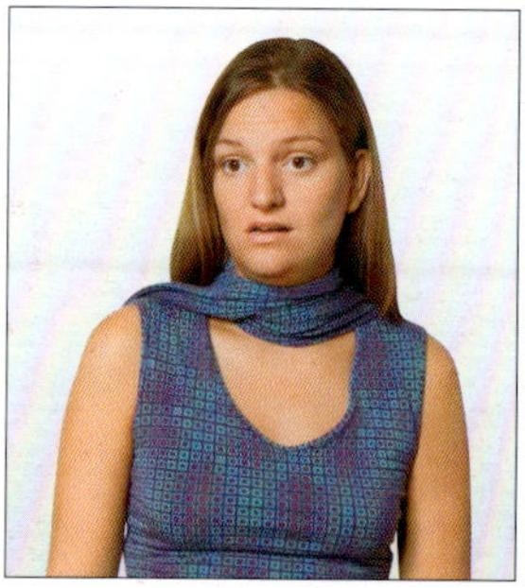

Come mai quello sguardo?

Chi ti ha turbato?

Capisco qual
è il tuo umore.

È l'ora di giocare, naturalmente. Rendersi conto del linguaggio del corpo è veramente semplice. Prima di iniziare ad addestrare il vostro cucciolo, osservatelo. Cercate di capire il suo umore e cosa sta esprimendo.

VOCE

La prima attività su cui lavorare è la voce. Se urlate, anche le persone intorno a voi urleranno di rimando. Allo stesso modo farà il vostro cane. Non urlate mai. Urlare comunica al vostro cane che non avete il controllo e lo confonderà. Per i comandi, usate una voce ferma, profonda e secca. Usate comandi brevi, meglio scegliere singole parole. Non "Vuoi sederti adesso? Seduto, seduto, seduto", con una voce via via più acuta e il volume in crescendo. Questo renderà il cane (e anche voi) sempre più agitati e frustrati. Utilizzate sempre lo stesso tono per i comandi. Confidate nel fatto che il vostro cane capirà il tono

VOCI DI CANI

- Uggiolio acuto – eccitazione.
- Ringhio – avvertimento.
- Latrato profondo di gola – minaccia, avvertimento. Qualcuno si sta avvicinando.
- Piagnucolio – sono annoiato.
- Piagnucolio leggero – non sto bene o non sono contento.
- Ululato – segnale di angoscia, richiamo della foresta.
- Guaito – dolore (equivale al grido umano).

VOCI UMANE

- Voce profonda e secca per i comandi.
- Voce calma e più alta per la lode.
- Brontolio per la disapprovazione.
- Voce eccitata per lode e incitamento, o quando dovete far muovere velocemente il cane.
- Sussurro per far concentrare il cane – funziona bene in un ambiente tranquillo, dato che il cane osserverà di più il linguaggio del vostro corpo se non riesce a sentire distintamente.
- Sussurro secco – guarda lì.
- Grido – dolore.

della vostra voce.
Date gentilmente un comando e lodatelo subito se vedete che ha risposto nella maniera corretta.

LODE

Siate naturali e spontanei nelle vostre lodi: questa è un'attività fondamentale. Siamo tutti in grado di capire quando le persone ci fanno falsi complimenti.
Allo stesso modo possono farlo i cani. Se lo lodate con sicurezza, il vostro cane si sentirà sicuro.
Se mostrate incertezza, il vostro cane si sentirà insicuro.
Per la lode, usate un tono più alto, ma non troppo eccitato, altrimenti il cane perderà la concentrazione e comincerà a giocare. Per fare

Provate a fare la stessa cosa con il vostro partner o con i bambini. Notate come diventano cauti. I cani non sono diversi.

apprezzamenti su un esercizio semplice come quello del "Seduto", un tono calmo e un'espressione tipo "Ma che bravo cane" sono sufficienti. Se il vostro cane sta facendo qualcosa di cui non siete contenti, o non sta rispondendo al primo comando, allora usate un tono più fermo: siate più profondi, ringhiate quasi. Per esempio, il cane sta per raccogliere qualcosa di orrendo e fetido da terra, ditegli fermamente e con voce secca "Lascia giù"; poi lodatelo quando esegue il comando. Quando chiamate il vostro cane, alzate di un grado il tono di voce e aggiungete un tocco di eccitazione. Rendete accogliente la vostra voce.

ESPRESSIONE FACCIALE

- Sorridete al vostro cane, quando siete compiaciuti.
- Rivolgetegli un'occhiataccia, quando fa qualcosa di sbagliato.
- Rimproveratelo per punizione.
- Un viso sorridente comunica che "Va bene essere eccitati".

Questa guida vi insegna come combinare i comandi vocali, le espressioni del volto e i segnali con le mani. Quando il cane risponde a tutti e tre, scoprirete che a volte potete tralasciare la voce e usare solo i gesti delle mani, oppure tralasciare questi ultimi e

utilizzare la voce e le espressioni facciali. Cercate di far scodinzolare il cane con una sola di queste attività, poi con due, infine con tutte e tre. Nel primo

Questo vuol dire "Ti faccio i complimenti". Il vostro cane vede che siete compiaciuti. Combinate questa espressione con una voce calma e rassicurante: "Bravo cucciolo".

Questo vuol dire "Non sono contento". Ognuno ha espressioni facciali differenti, ma il vostro cane comprenderà le vostre, se continuerete a utilizzarle coerentemente.

Questa è un po' più dura, un rimprovero per un grande disappunto.

Ciò dovrebbe rendere molto felice il vostro cane, specialmente se abbinato a una voce più acuta. È il segnale del "Giochiamo", e non dovete mettervi a gattoni per comunicare il messaggio.

stadio di addestramento, quando state sviluppando un rapporto con il vostro cane e lui sta cominciando a comprendervi, alcuni incentivi sono necessari per aiutare la sua concentrazione. Ed è qui che entrano in scena i premi e i giochi. I premi sono spesso usati eccessivamente, ma una volta stabilito l'affiatamento, si possono ridurre e aumentare il gioco alla fine degli esercizi. Il gioco dà benefici di gran lunga maggiori rispetto ai premi, perché vi fa interagire con il vostro cane. Alla fine di un esercizio, il cane osserva il linguaggio del vostro corpo per capire se state per elargirgli un premio. Se di solito prendete i premi da una tasca, tenete il fazzoletto nell'altra tasca, altrimenti si ecciterà ogni volta che avrete bisogno di soffiarvi il naso.

SEGNALI CON LE MANI

Osservate le fotografie a fianco per imparare i comandi base con le mani. È essenziale padroneggiare questi comandi prima di iniziare ad addestrare il vostro cane, perché sono utilizzati in tutti gli aspetti dell'addestramento. Dovreste avere una postura calma e immobile per il comando "Fermo". Per dare un'approvazione calorosa dovreste saltellare. Voltatevi mostrando la schiena al cane con le braccia incrociate per comunicare disapprovazione. Tutti questi suggerimenti dovrebbero essere utilizzati insieme ai consigli e agli esercizi di addestramento che seguono nel libro. Ricordate che voi e il vostro cane lavorate in squadra: in una squadra deve esserci un capo ed è meglio che sia quello con due gambe.

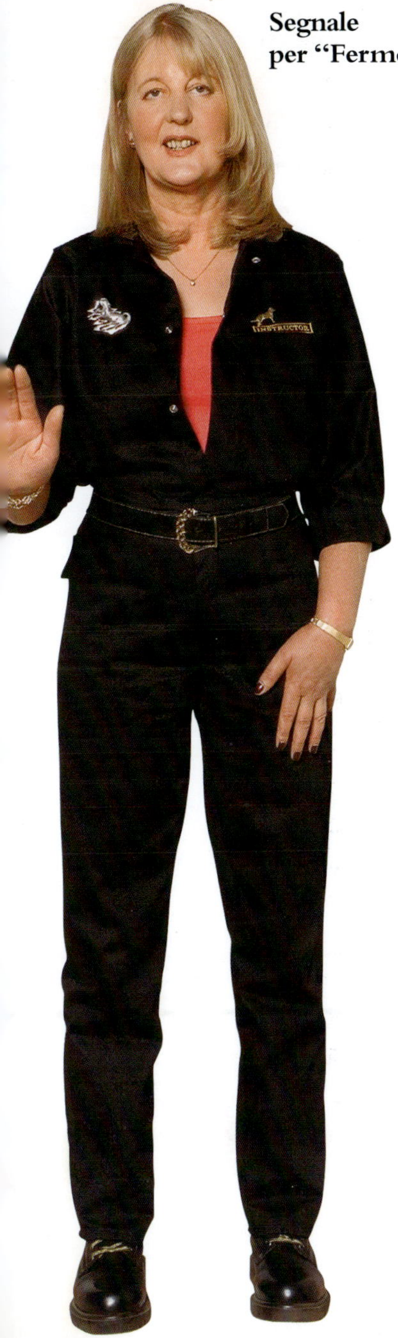

Segnale per "Fermo".

Segnale per "Seduto".

Segnale per "Su".

Segnale per "Terra".

Segnale per "Vai".

IL NUOVO ARRIVATO

PREPARAZIONE

Avrete bisogno di:

Provviste di cibo. Scoprite, dal precedente padrone, ciò a cui era abituato il cucciolo o il cane. Se intendete cambiare il tipo di cibo, fatelo gradualmente. Se lo fate in maniera rapida, potrebbe causargli disturbi di stomaco.

Premi. Per facilitare l'addestramento.

Ciotola per l'acqua. In acciaio inossidabile; quelle non ribaltabili sono le migliori.

Ciotola per il cibo.

Lettino. O tappetini per il cane.

Giocattoli. I giochi educativi che contengono cibo sono ottimi per far divertire un cucciolo.

Collare e guinzaglio. Il collare più sicuro è quello a nastro di tela morbido, con una fibbia per la regolazione. (Quelli con il gancio sono studiati per un rilascio agevole, ma quando afferrate il cane per il collare, la vostra mano potrebbe inavvertitamente sganciare il collare: questo potrebbe rivelarsi fatale se siete a bordo strada). Ricordate di controllare costantemente la misura: i cuccioli crescono in fretta. Idealmente, dovreste sempre essere in grado di inserire due dita tra il collare e il collo dell'animale. Procedete nello stesso modo anche con cani già grandi, potrebbero perdere o acquistare peso, quindi verificate regolarmente la misura. Se avete un cane che ama bagnarsi, un collare di cuoio potrebbe non essere una buona idea. Il cuoio ha un bell'aspetto, ma se non è tenuto con cura, diventerà duro e comincerà a spaccarsi.
Un collare a nastro di tela sarebbe preferibile: è morbido, l'ideale per un cane da campagna o a cui piace nuotare. Ho sempre utilizzato collari di tela per i miei cani: sono facili da lavare. Non raccomando i collari a catena perché, se non usati correttamente, possono causare soffocamento (quando gli anelli si stringono, il cane viene quasi strangolato: ho persino visto dei cani vomitare a causa

Un'imbragatura è l'ideale se lo spazio è limitato: è particolarmente utile su auto sportive a due posti.

dell'utilizzo di collari a catena). Purtroppo possono verificarsi degli incidenti con questi collari. Capita che gli anelli restino impigliati in rami, siepi o sterpi e si stringano attorno al collo del cane, causando la morte per strangolamento. Inoltre, se la catena si allenta, può scivolare via dal collo del vostro cane, che potrebbe perdersi senza avere addosso alcun segno di identificazione.

Medaglietta per cani. Anche se fate inserire un microchip nel vostro cane, una medaglietta che mostra chiaramente il vostro indirizzo e il numero di telefono è essenziale. Se si perde, potrebbe allontanarsi poco da casa vostra ed esservi riconsegnato rapidamente grazie a questa precauzione. Un suggerimento utile: se state andando in vacanza, mettete una targhetta con i contatti del sito di villeggiatura o della pensione per cani a cui l'avete affidato.

Una buona scorta di carta assorbente.

Sacchetti per i bisognini. I sacchetti per pannolini sono utili; tenetene qualcuno di scorta nell'auto.

Cappottino per cani. Un cane a pelo corto potrebbe aver bisogno di un cappottino durante i mesi invernali. Assicuratevi che sia impermeabile: più il cane invecchia, meno sarà felice di bagnarsi.

Imbragatura per l'auto o, ancora meglio, trasportino. Se il vostro cane si stanca di stare in auto, potrebbe masticare le cinghie dell'imbragatura (e, durante i viaggi lunghi, potrebbe agitarsi se si sentisse scomodo). Con un trasportino, il vostro cane ha più libertà di movimento: può girarsi, sdraiarsi o sedersi, restando al sicuro. Non lasciate mai libero il vostro cane nell'auto.

Cancelletto per le scale. I cuccioli sono maldestri. Non dovrebbero salire le scale in tenera età. Forse non dovrebbero proprio stare nei piani superiori!

PENSARE ALLA SCELTA DEL CANE

Prendere un cane abbandonato, in genere da un canile, è un modo meraviglioso di scegliere un compagno a quattro zampe. Siate comunque consci che, probabilmente, dovrete affrontare una cattiva istruzione datagli da qualcun altro. Potrebbero esserci dei problemi associati a un cane salvato dalla strada. Potrebbe non aver imparato a socializzare o a giocare e potrebbe essere stato trattato molto male. Dovrete partire da zero, seguendo pazientemente le linee guida del precedente e dei prossimi capitoli. Sarete tentati di infrangere le regole dell'istruzione per compensare le brutte esperienze passate dal vostro cane, ma è importante non lasciare che il vostro cuore abbia la meglio sulla vostra testa. Se il cane non riesce a distinguere chiaramente un capo branco, appena giunto nel suo nuovo ambiente (vedere p. 35), potrebbe diventare aggressivo. Se è naturalmente nervoso, non rassicuratelo sempre sul fatto che va tutto bene. Potrebbe fraintendere e pensare che ci sia un problema o avvertire che non

Al di là della razza, il vostro cane si divertirà ad allenarsi con voi.

vi sentite sicuri. Rassicuratelo sempre un po', ma siate certi di affrontare le situazioni che lo rendono nervoso con un "Non facciamo stupidaggini". Affrontate le cose con calma e cercate di evitare le situazioni che possono spaventarlo. Costruite la sua sicurezza passo dopo passo. Portarlo in una scuola potrebbe essere un'idea, ma chiedete all'addestratore una sessione privata: una stanza piena di cani potrebbe spaventarlo molto. Aspettatevi di metterci molto tempo per renderlo il cane felice e sicuro che desiderate. Le ricompense del successo ottenuto con un cane salvato

COSE DA FARE PRIMA DELL'ARRIVO DEL CUCCIOLO O DEL CANE

- Ispezionate il giardino e controllate possibili vie di fuga. Ricordate, un piccolo cucciolo determinato può infilarsi attraverso la più piccola apertura.
- Se avete un cancello a sbarre, è una buona idea rivestirlo con una rete: il cucciolo potrebbe rimanere incastrato con la testa.
- Spostate i prodotti per la pulizia fuori dalla sua portata: potreste anche mettere delle chiusure a prova di bambino sulle porte. I cani si annoiano se rimangono da soli troppo a lungo e un cane nuovo vorrà certamente ispezionare tutte le aree. Conosco dei cani che sono anche riusciti ad aprire il frigorifero. Non è una buona idea lasciare il cane da solo in cucina, poiché un cane curioso potrebbe aprire la credenza e cominciare a masticare. Il mio cane, Gal, aveva quell'abitudine, prima che la adottassi dal canile: scoprì subito dove tenevo il cibo per gatti. Fortunatamente, non si addentrò nell'armadio che conteneva i prodotti per la pulizia, il che avrebbe potuto avere dei risultati disastrosi.
- Registrate il cane presso un veterinario e stabilite le vaccinazioni necessarie. Assicuratevi di tenere il numero del veterinario in un posto visibile.
- Prendete in considerazione un'assicurazione sugli animali domestici.

dall'abbandono sono incomparabili e molti dei nostri migliori amici hanno avuto all'inizio una vita dura. Ho sempre avuto cani abbandonati, spesso i casi peggiori. Avevo appena perso il mio vecchio cane, Luger, per la sua età avanzata ed ero distrutta, quando un amico che lavorava in una pensione per cani abbandonati mi parlò di un Pastore Tedesco estremamente traumatizzato, il cui destino era venire soppresso o vivere per sempre in un canile. Non riuscivo a togliermelo dalla testa. Era così aggressivo che nessuno poteva avvicinarglisi: era nella pensione da due settimane dopo essere stato abbandonato sulla strada. Durante quelle due settimane, non aveva scodinzolato una sola volta e il canile non si era accorto che aveva solo un testicolo. Quando andai a vederlo, si gettò contro di me con i denti scoperti. Gli misi un guinzaglio e lo portai a fare una passeggiata. Dopodiché mi leccò la mano e così iniziò il nostro rapporto. Gli diedi il nome di Soni. Il povero cane era così spaventato che non voleva uscire quand'era buio e la prima volta che lo portai in una scuola per cani cercò di attaccare chiunque (venne sempre punito verbalmente, in quell'occasione). Tutti dovettero ignorarlo per due mesi, poi, gradualmente, fu concesso agli addestratori di offrirgli un premio. Ogni giorno acquisiva sicurezza, con me come capo branco. Si sviluppò la fiducia. Il gioco era una parte molto importante del suo addestramento e fu attraverso

Adottare un cane abbandonato può essere un compito duro, ma è spesso quello che dà più soddisfazioni.

questa attività che stabilimmo un legame: cominciammo quindi a osservare il reciproco linguaggio del corpo. L'addestramento venne sviluppato privatamente, per rendere più facile la concentrazione. Il resto è storia. Soni ora aiuta a radunare il bestiame, ha fatto da modello ed è apparso in una serie TV. La sua coda adesso scodinzola costantemente. L'altro mio cane, Gal, viene ugualmente da una pensione per cani abbandonati. Era stata chiusa in un capanno e picchiata. Gal era iperattiva, quindi era essenziale trovare la casa giusta. Di nuovo, avevo appena perso un altro cane, Luttie, per la sua età avanzata, quando un amico mi parlò di Gal. Anche lei venne a casa con me e Soni fu felice di avere una compagna di giochi.

Non tutti i cani abbandonati sono incroci. Ci si libera anche di molti cani con pedigree.

I due cani abbandonati, Soni e Gal, al lavoro con il bestiame.

Come prima, tempo, pazienza e addestramento la resero un grande cane.

L'ARRIVO DEL CUCCIOLO

Non fate venire tutti i parenti e i vicini il primo giorno, perché il cucciolo ha bisogno di tempo per familiarizzare con l'ambiente che lo circonda. È buona norma avvisare i vicini dell'arrivo del cucciolo, e scusarsi in anticipo per eventuali prossimi fastidi. Magari tenete a portata di mano una bottiglia di vino, o mettetevi d'accordo con il fioraio più vicino. Fategli capire che sarete dei padroni responsabili. Mettete il collare al cucciolo; fatelo quanto prima e senza dare troppa importanza all'avvenimento, altrimenti potrebbe esserne disturbato. È possibile anche che tenti di grattarlo via o dargli una zampata per toglierlo, sentendolo come una cosa estranea. Non vi preoccupate, se ne dimenticherà presto; non glielo togliete e fatelo giocare per distrarlo. Oppure mettetegli il collare poco prima di mangiare. In questo modo sarà il cibo a distrarlo. Un cucciolo potrebbe essere stanco dopo lo spostamento; lasciatelo riposare se vuole. Quando si sveglia

Usate un guinzaglio morbido o anche un pezzo di corda (più leggera possibile) all'inizio. Se è troppo pesante, impedisce i movimenti al cucciolo e questo lo metterà in apprensione. Alla sua prima esperienza con il guinzaglio, non dovrebbe pensare di trascinare un camion.

portatelo fuori: dovrebbe essere pronto per fare i suoi bisogni. Quando mangiate, ignoratelo, e non dategli bocconcini dal vostro piatto. Se si mette lì seduto a guardare il vostro cibo, ignoratelo. Se continua, mostrategli disapprovazione con l'espressione del volto; magari anche con un verso. Imparerà a comprendere il vostro linguaggio posturale. Organizzatevi in anticipo. Mettetegli ogni tanto il guinzaglio e portatelo fuori per farlo abituare. Magari giocate per distrarlo.

L'ORA DI ANDARE A LETTO

Vorreste che il vostro cane, da adulto, dormisse nel vostro letto o nella vostra camera? Non è proprio una buona idea e i motivi sono evidenti. Scegliete la camera più adatta e decidete su cosa farlo dormire. Ci sono molte cucce di forma e misura diverse.

Considerate da subito la taglia che raggiungerà il cane. (Mi fa tenerezza un cane che dorme con i piedi, o per meglio dire le zampe, che escono fuori dalla cuccia). Molti impiegano di più a scegliere la cuccia del cane che il loro stesso letto, perché è una scelta molto importante. I tappeti sono una buona soluzione, soprattutto se lo spazio è limitato, e poi sono facili da pulire con l'aspirapolvere, da lavare e da trasportare. Potete sceglierli coordinati con il resto della camera e naturalmente ci si può camminare sopra. Un tappeto in finta pelle di pecora morbida è facile da lavare, mentre un meraviglioso tappeto persiano (sebbene sia bellissimo) metterà in evidenza tutti i peli persi dal cane. In teoria, se ci fossero tappeti in ogni camera, il cane avrebbe molti posti comodi su cui sistemarsi. Per far stare il cucciolo protetto e accoccolato, potreste mettere un tappetino in una gabbia o anche in una scatola. Mettete il tappeto, la gabbia

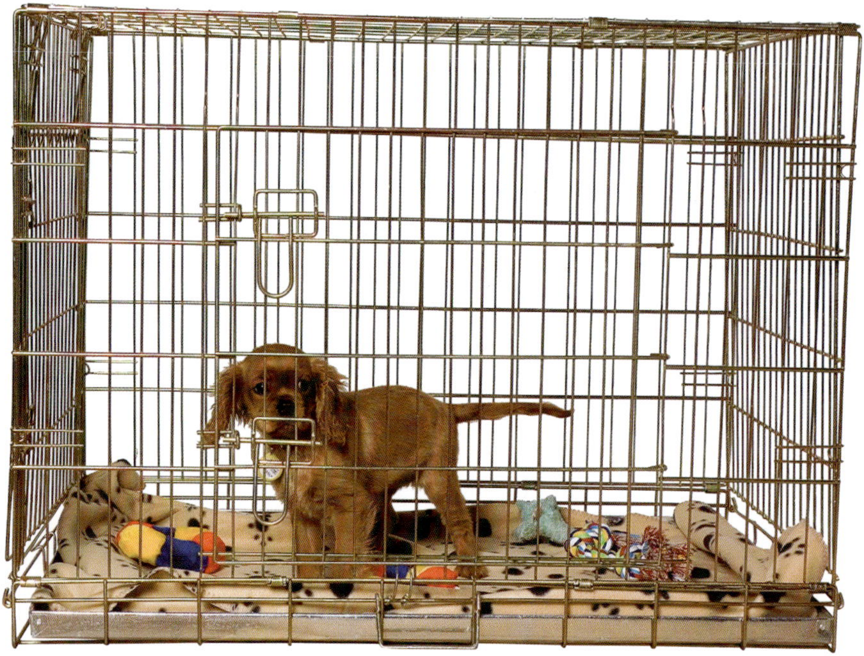

Se il cane deve stare in camera vostra, la gabbia deve essere abbastanza grande da consentire al cucciolo o al cane di stare in piedi e potersi muovere.

o la scatola, ai piedi o al lato del letto. Non cedete quando il cucciolo cerca di salire sul letto: se lui è insistente e determinato, dovete esserlo anche voi. Se vi arrendete una volta, alla successiva sarà più complicato resistere.
Le prime notti sono le più difficili, sia per voi che per il nuovo cucciolo. È probabile che il cuore prevalga sulla ragione. Il cucciolo è stato allontanato dalla mamma, e forse dai fratelli e sorelle, quindi è normale che si senta disorientato e sconvolto. Mettete nella scatola un giocattolo morbido.
Se iniziassero dei pietosi lamenti notturni, ignorateli. Se andate a rassicurare il cucciolo, poi continuerà a chiamare finché non andate da lui. I lamenti notturni termineranno e alla fine il cucciolo si ambienterà, anche se ogni animale

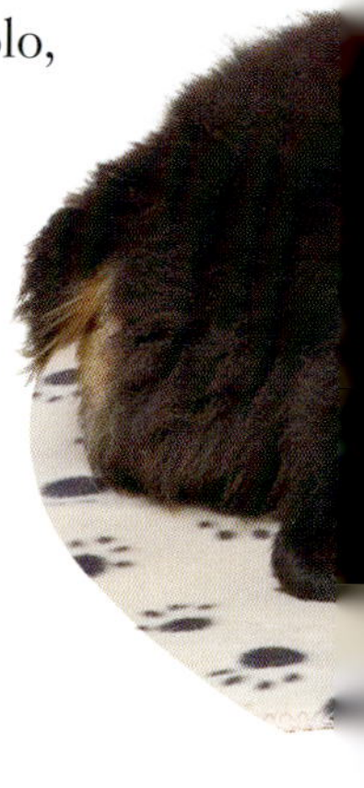

è differente e alcuni lo faranno prima di altri. Provate a mettere un asciugamano sotto al maglione per un paio d'ore prima di andare a letto, così prenderà il vostro odore. Lasciatelo nella gabbia o nella scatola del cane. Anche una sveglia o una radio accesa a basso volume può essere di conforto per il cucciolo. Nel caso in cui urlasse come un ossesso per ore, l'unica soluzione è l'ovatta o i tappi per le orecchie. Dopo una notte di buon sonno, il cucciolo sarà vivace e ansioso di conoscere la nuova famiglia. Troppa eccitazione all'inizio porterà a un cane adulto chiassoso e prepotente, che assale chiunque. Salutatelo con tono affettuoso la mattina e portatelo subito fuori per la pipì. È fondamentale a questo punto che il vostro linguaggio posturale sia corretto. Mostrate soddisfazione quando ha finito. I cuccioli hanno bisogno di dormire molto, quindi, se si alza tardi, godetevi la tranquillità e lasciatelo in pace. Se ha fatto la pipì di notte, non gridate e non vi arrabbiate: non dovete far altro che pulire. Il cucciolo non può controllare la vescica per troppe ore: non lo pretendereste da un bambino e non dovete pretenderlo da un cucciolo.

Il cucciolo si sentirà sicuro e protetto nella sua cuccia o sulla sua coperta.

STABILIRE LE REGOLE

L'ORA DELLA COLAZIONE

Fate sedere il cucciolo e ditegli di aspettare il cibo, usando la parola "Fermo" e il relativo segnale (palmo della mano verticale rivolto verso il cucciolo, vedi p. 17). Mettete a terra il cibo, ditegli "Ok" e continuate a fare le vostre faccende. È importante non dare troppa importanza al momento della pappa. Molti padroni commettono l'errore di toccare il cane e togliergli il cibo prima che abbia finito. Lo fanno per dimostrare che possono portare via il cibo al loro cane. L'animale in questo modo potrebbe anticipare il gesto di portare via il cibo e diventare aggressivo. Procedete così: lasciategli un po' di cibo nella ciotola e ditegli di aspettare. Quando si è tranquillizzato, lodatelo e mettete giù la ciotola. Quando ha mangiato tutto, sollevate la ciotola e ripetete l'operazione. Ripeto, non date troppa importanza a questo momento. Non dovete farlo a ogni pasto, ma solo di tanto in tanto. Durante gli altri pasti, lasciatelo in pace, continuando con le vostre faccende e facendolo mangiare tranquillamente. Ignoratelo e passategli vicino solo ogni tanto. Dategli una carezza sulla testa e ditegli "Bravo",

CHI MANGIA PER PRIMO?

Teoricamente voi, che siete il capo branco, dovreste mangiare per primi. Ma con un cane giovane che mangia tre o quattro volte al giorno, questo non è possibile. C'è una semplice soluzione: preparate la sua pappa, poi mangiate qualcosa (magari un frutto), e dopo fate mangiare lui.

Fatelo mangiare in tranquillità.

niente di più. I cani odiano essere distratti mentre mangiano. Se il cane non mangia con molto appetito, o se spilucca il cibo, lasciategli 20 minuti, e se non ha ancora terminato, togliete la ciotola e non dategli più da mangiare fino al pasto successivo. A questo punto, ridategli la ciotola e lasciatela 20 minuti, quindi toglietela di nuovo se non ha mangiato. Dopo vari tentativi, il cucciolo avrà fame e alla fine mangerà. Naturalmente, se pensate che il cucciolo possa star male, portatelo dal veterinario,

Questo cucciolo è pronto per mangiare. Non fatelo agitare, insegnategli a essere educato e ad avere pazienza.

ma se pensate che possa essersi stancato del cibo che gli date abitualmente, non fate l'errore di cambiarlo. Non dovete assolutamente cominciare a comprargli troppi cibi diversi: finirete per avere un cane esigente che mangia solo la bistecca migliore. In tutti questi anni non ho mai conosciuto un cane che si lasciasse morire di fame, quando c'è una ciotola piena di cibo a disposizione. Quando mangiate, se il cucciolo vi guarda e sbava, ignoratelo. Se insiste fino al punto di raspare con la zampa o abbaiare, potete fargli un verso di disapprovazione, continuando a ignorarlo. Se non cedete, il cucciolo imparerà che il suo atteggiamento è inutile. Potrebbe farvi tenerezza, ma se cedete lui lo interpreterà come una debolezza. C'è una regola nella mia casa: io non mangio la cena dei miei cani e loro non mangiano la mia.

Questo cane sembra affamato, ma sembra anche ben nutrito. Non condividete il cibo con lui.

ATTENZIONE

Alcuni ospiti (magari dei parenti), trovano irresistibile il nuovo, tenero cuccioletto (e pensano che voi siate cattivi a non cedere). Così gli allungano un boccone mentre non state guardando. Quando sarà cresciuto e sbaverà sui loro bei vestiti, non saranno più così comprensivi. Se dovesse accadere, divertitevi a dire loro che il cane con voi non fa la stessa cosa. Invitateli a partecipare a una breve seduta di addestramento; essere coinvolti gli piacerà.

PERICOLO

Il cioccolato è velenoso per i cani, perché contiene teobromina, che viene metabolizzata efficacemente dagli esseri umani, ma non dai cani. Nel tentativo di smaltire la sostanza, vengono sollecitati il sistema nervoso centrale, il sistema cardiovascolare e la pressione sanguigna, provocando un affaticamento fisico che può portare anche alla morte dell'animale.

L'ORA DI USCIRE

Teoricamente, potreste voler rimanere sempre a casa e non lasciare mai solo il vostro cane. Ma questo ovviamente non è possibile. Quando dovete uscire, non fatene una questione vitale con il cucciolo. Vorreste dirgli: "Ora fai il bravo, non starò via molto". Evitate. Il cucciolo si sentirà confuso, quando ve ne andrete davvero. Al contrario, ignoratelo per circa un quarto d'ora prima di lasciare la casa, poi uscite. Il messaggio che lanciate è: "Il fatto che io esca non è niente di speciale". Alla fine, questo tipo di approccio porterà ad avere un animale molto meno vulnerabile e più adattabile.Togliete dalla camera in cui lascerete il cucciolo tutto ciò che si può masticare, tipo il telecomando. Per evitare che mastichi qualcosa potete cospargere di alcol o aceto i mobili in legno. La gabbia per cuccioli potrebbe anche qui essere una buona soluzione: niente mobili masticati e, visto che i cani solitamente non

"Vieni, comando io."

sporcano la loro cuccia, la gabbia potrebbe insegnargli a controllare i sui bisogni. Prima di lasciarlo solo con un giocattolo, considerate se lo possa rompere o ingoiare. Siate previdenti, perché un pezzo masticato può rimanergli in gola e soffocarlo. In vendita si trovano giocattoli molto utili che si possono riempire di cibo. Per fare uscire i bocconcini, il cane deve farlo rotolare sul pavimento. Un'ora circa prima di uscire, cercate di trovare qualche minuto per giocare con il cucciolo: lanciategli dei giochini per cercare di fargli consumare un po' delle sue energie, così dopo dormirà. Poi procedete con la norma di ignorarlo e lasciarlo senza troppe storie, come descritto a pagina 33. D'ora in poi dovrete accettare il fatto di dovervi alzare almeno una mezz'ora prima di quanto non facevate in precedenza, per poter sfruttare quel tempo in più. Non potete pretendere che il cucciolo dorma quando è ancora pieno

di energia. Se dovete stare via per più di due ore, trovate qualcuno che stia un po' con il cane per farlo uscire in giardino e giocare. Ma anche a loro toccherà rimetterlo nella gabbia e ignorarlo per un po', prima di uscire, altrimenti inizierà a ululare o abbaiare per farli tornare.

Questo è pericoloso per il cane e sgradevole per voi.

CAPI BRANCO

I capi branco dovrebbero avere due gambe, non quattro.
Un capo branco a quattro zampe:

- Chiede e ottiene cibo dagli altri capi branco.
- Ottiene attenzione a richiesta.

Se il cane viene da voi per scherzare, ignoratelo, anche se continua a darvi colpi con il muso sulla mano. Più tardi, chiamatelo e cominciate a giocare. Fermatevi quando vi siete stancati. Questo darà il comando a voi.

- Dorme dove vuole.
- Decide lui il gioco.
- Passa per primo da una porta.
- Vi segue ovunque, anche al bagno. (Chiudete la porta e, quando uscite, ignoratelo).
- Tira al guinzaglio.
- Torna solo quando gli fa comodo.

Volete davvero che il vostro cane sia il capo branco?

SE UN CUCCIOLO MORDE…

Se il cucciolo vi morde le dita, non significa che diventerà aggressivo. Sta semplicemente chiedendo attenzione.
La reazione peggiore è quella di dargli un colpo sul muso: è un linguaggio posturale aggressivo, e aggressività chiama aggressività. Se un bambino si avvicina per accarezzare il cane, tutto ciò che l'animale vede è una mano che si avvicina al suo muso. Quindi, per evitare un presunto colpo, potrebbe mordere.
I bambini piccoli possono creare una pericolosa confusione nel cucciolo che morde, agitando le braccia e urlando. Questo linguaggio posturale potrebbe essere frainteso e scambiato per un gioco. Voi che siete gli adulti, dovrete prendere il controllo e allontanare il cucciolo finché la situazione non si sarà tranquillizzata. Se il cucciolo vi morde la mano, fate un grido di lamento e andatevene. Questo linguaggio negativo servirà al cane. Rendetelo più efficace ignorandolo.
Se continua, allontanatelo, con gentilezza ma anche con fermezza. Se insiste, quando stringe la mano afferrate la mascella superiore o inferiore e premete leggermente. Quando inizia a gemere, lasciate la presa ma non togliete la mano. Dovrebbe allontanarsi. Se gliela porgete di nuovo, non dovrebbe più morderla. Se lo fa, ripetete

Espressione di disapprovazione e postura non accogliente possono essere segnali veramente negativi.

le azioni precedenti. Per il cane, ora mordere corrisponde a provare dolore. Non tirate mai via la mano dalla sua bocca, o lo prenderà come un gioco e morderà più forte. Non è necessario ricorrere a questa tecnica, a meno che il problema non sia serio. Dovreste manifestare disappunto con l'espressione del viso, seguito da contentezza quando smette.

ABITUARLO A VIVERE IN CASA

Il cucciolo non ha per natura un buon controllo degli intestini e della vescica nei primi mesi di vita ed è buona norma lasciargli la vaschetta della lettiera ricoperta di fogli (se possibile lasciatela vicino alla porta del retro). Vuotatela nel giardino in un posto dove volete che vada in futuro per i suoi bisogni. Quando sentirà l'odore, comincerà a capire che quello è un buon posto per evacuare. Durante questo periodo d'addestramento, dovrete avere occhi anche dietro la testa. I segnali da cogliere sono: annusa il pavimento, guarda la porta, gira in circolo. Al primo segnale, portate fuori il cucciolo, date il comando "Cacca" e lodatelo se ubbidisce. Naturalmente alcuni cuccioli la fanno senza preavviso. Non vi preoccupate, finirà quando il cucciolo crescerà. Non gridate, o inizierete un circolo vizioso: il cucciolo si innervosisce e controlla la vescica anche peggio del solito. Basta essere attenti e farlo uscire ogni due ore.

CANI ADULTI

Non è raro che un cane adulto faccia i bisogni in una casa nuova nei primi giorni. Questo non significa che non sia stato educato, è probabile invece che sia un fattore nervoso, oltre alla necessità di creare un senso di sicurezza con un odore familiare. Usate la stessa tecnica descritta sopra e abbiate molta pazienza. Il mio cane da soccorso ha sporcato il mio letto, sebbene fosse assolutamente abituato a vivere in casa.

IL RITORNO A CASA

La festa che ricevete al vostro ritorno a casa è una delle gioie più grandi dell'avere un cane. Ma non volete certo che vi strappi i vestiti, vi graffi le gambe o che vi faccia cadere la spesa sul pavimento. Potete evitare che questo accada ignorando il cucciolo per circa cinque minuti, appena entrati. Fatevi una tazza di tè, date un'occhiata al giornale o mettete a posto la spesa. Quando si è calmato, scherzate e passate un po' di tempo a giocare con lui. Quando il cucciolo si renderà conto che saltare e mordere i vestiti non gli farà ricevere attenzioni, mentre questo succede se sta calmo, al vostro rientro si limiterà a scodinzolare senza scalmanarsi. Come per tutti gli aspetti dell'addestramento, prevenire è meglio che curare.

L'ARRIVO DI OSPITI

Vi piaccia o no, gli ospiti arriveranno, a volte inattesi. Tutti adorano i teneri cuccioletti, ma a volte gli ospiti devono essere controllati più del cane. Come voi, anche loro devono ignorare il cane per un po' appena entrati. Quando il cucciolo è piccolo, presentategli gli estranei, ma senza troppo clamore. Se possibile, dovreste sapere in anticipo a che ora arrivano e mettere il cane al guinzaglio. Devono ignorarlo quando salta: ma lasciate che lo accarezzino e gli parlino per un po' prima di ignorarlo. Gli ospiti non devono essere visti come una minaccia. I lavavetri, gli operai e i muratori rappresentano forse il problema maggiore perché entrano nel territorio del cane. Portare fuori il cucciolo al guinzaglio per farglieli vedere può servire ad abituarlo alla loro presenza. Come sempre, non date troppa importanza alla situazione. Quando l'operaio sarà in casa, invitate il cane a giocare con voi, mentre cerca di abituarsi alla persona estranea. Distrarlo è la chiave giusta, così può abituarsi a rumori e movimenti nuovi nel suo territorio.

Quando il cucciolo si sarà abituato agli ospiti, potete anche insegnargli ad andare a prendere la posta. Potrebbe tornare utile quando piove, a meno che la posta non finisca in una pozza, quando il cucciolo si distrae con l'adorabile cagnolino del vicino.

Dovete evitare che si agiti e abbai per avvisare dell'arrivo di ospiti. Ricordate che le persone in uniforme notoriamente spaventano e terrorizzano perfino il cucciolo. Se dovesse sembrarvi impaurito, dovete agire con disinvoltura e dire alla persona in uniforme di ignorare il cucciolo, cercando di non assumere una posizione torreggiante davanti a lui. Comportatevi tranquillamente e lo farà anche il vostro cane.

LA PRIMA PASSEGGIATA

Dopo aver abituato il cucciolo al guinzaglio, un momento cruciale è uscire per la prima passeggiata. All'inizio, portatelo in un posto tranquillo, lontano dal traffico. Fermatevi al bordo dei marciapiedi e fatelo sedere o stare in piedi, cosicché impari a fermarsi. (Farlo sedere non è molto opportuno quando piove.) La confusione prodotta da un grande camion potrebbe spaventare il cucciolo, quindi è meglio abituarlo

Tenete a portata di mano i sacchetti per gli escrementi e portate qualche giochino a ogni passeggiata.

al traffico da lontano. Portate con voi il suo giocattolo preferito e dei bocconcini per premio; e naturalmente il sacchetto per i bisogni. Un cane maschio adulto cercherà continuamente di alzare la zampa per marcare il territorio. È davvero sconveniente lasciare che lo faccia nei giardini degli altri. Quindi accelerate il passo e non fermatevi. Se ci prova, dite "No" con tono deciso. Non cercate di imitare l'alzata di zampa per far vedere al cucciolo dove vorreste che lo facesse. Penseranno solo che siete strani, o buffi. Quando siete arrivati dove volete che faccia i bisogni, date il comando "Cacca" (o qualsiasi altra parola sceglierete) e lodatelo quando ubbidisce. Trovate un posto sicuro, lontano dalla strada,

Usate due giocattoli per attirare l'attenzione del cane.

dove il cucciolo possa correre liberamente. Giocate lanciandogli un giocattolo, sfruttando l'opportunità di interagire con lui. Portate due giocattoli: se non torna con il primo, gli mostrate l'altro e lo attirate a voi senza lanciarglielo, finché non sarà tornato e non avrà lasciato il primo oggetto (o dandolo direttamente a voi o lasciandolo a terra). Se vi chinate e guardate come per esaminare il terreno, il cucciolo sarà curioso di vedere cosa state facendo e vi verrà vicino. Quando lo farà, dategli un premio e fategli molti complimenti. Se il cane sembra volersi allontanare, correte

Far finta di osservare qualcosa a terra dovrebbe attirare l'attenzione del cucciolo, che vorrà vedere cosa state facendo.

nella direzione opposta, chiamandolo. Quando verrà, lodatelo.

Incoraggiate il cane a venire con voi, invece di rincorrerlo.

Piegarsi all'altezza del cucciolo, con le braccia distese, lo attirerà. Lodatelo molto.

PERICOLO

Non fate mai giocare il cane con dei bastoncini: le schegge rappresentano un serio pericolo; o, peggio, se un cane corre con un bastoncino e si ferma improvvisamente, questo può trafiggerlo alla gola o al torace. So di due cani che sono rimasti uccisi giocando con i bastoncini.
Le palle di gomma rigida sono altrettanto pericolose: si ricoprono di saliva e, quando il cane corre con la palla in bocca scrollando la testa, la palla potrebbe scivolargli giù in gola e bloccargli le vie respiratorie. È difficile togliere la palla dalla gola del cane prima che soffochi.
I sassi non vanno bene per i cani: scheggiano i denti e possono essere ingoiati (con il risultato di dover correre dal veterinario per farlo operare).

Il cane sarà meno propenso ad allontanarsi, se si sta divertendo con voi.

VIVERE IN ARMONIA

CANI E GATTI

I cani e i gatti possono vivere insieme in piena armonia e di solito comanda il gatto, ma ricordatevi che dovete essere voi ad avere il pieno controllo. Se avete già un gatto e portate il cane in casa per la prima volta, tenetelo al guinzaglio. Il gatto probabilmente soffierà. Mantenete la calma. Se il cane reagisce ringhiando o abbaiando, tirate leggermente il collare e ditegli “No”. Giratelo verso di voi, in modo che veda il vostro linguaggio del corpo e, quando ubbidisce, lodatelo. Per i primi giorni, tenetelo al guinzaglio quando il gatto è in giro. Imparerà presto il linguaggio posturale del gatto: per esempio, che agita la coda quando è arrabbiato e non per giocare. Si abitueranno l’uno all’altro gradualmente. Se in casa avete già un cane e il nuovo arrivato è il gatto, tenetelo nel trasportino quando il cane è nei paraggi e tenete il cane al guinzaglio per aver un maggior controllo della situazione. In ogni caso, un nuovo gatto deve essere tenuto in casa almeno per due

settimane, per fargli conoscere il suo territorio. Quando vi sembra che il cane abbia perso interesse per il nuovo arrivato, togliete il guinzaglio e fatelo andare vicino al trasportino del gatto. Se il cane non è disturbato da questa presenza, dopo un po' potete provare ad aprire la gabbia; ma prima rimettetegli il guinzaglio.

Anche qui, prevenire è meglio che curare. Molti cani accettano rapidamente un gatto; con altri dovrete avere pazienza e far sì che il gatto abbia sempre una via di fuga, solitamente un posto alto dove poter saltare. Cani e gatti spesso finiscono per dormire nella stessa cuccia e giocare insieme.

Anche in un ambiente familiare i cani hanno l'istinto del branco. Imparano a considerare ogni membro della famiglia, inclusi i gatti, come parte del branco. Quando questo avviene, non sentono più la necessità di scacciare il gatto.

I CANI E LA FAMIGLIA

Per un bambino è meraviglioso crescere con un cane. Tuttavia i piccoli devono rendersi conto che il cane non è un giocattolo. Ho sentito dire innumerevoli volte che il cane è "meraviglioso" con i bambini: "Anche se gli tirano le orecchie o gli saltano sopra, lui è sempre buono". Mi sembra incredibile. Ai bambini

Il legame che si crea durerà una vita. I ricordi sono fatti di questi rapporti.

dovrebbe essere insegnato fin da piccoli come trattare un cane. Coinvolgeteli quando preparate la pappa e nell'addestramento, ma sempre sotto la vostra supervisione. Se il cane sta riposando o è addormentato, devono lasciarlo tranquillo. In fin dei conti, ai bambini non piace essere disturbati quando riposano. Il linguaggio del corpo di un bambino che gattona potrebbe sembrare un segnale di gioco per il cane. Non li lasciate mai insieme da soli. Un cane che solitamente si comporta in maniera eccezionale con i bambini può avere una giornata storta: potrebbe semplicemente essere di cattivo umore, o stressato per le troppe attenzioni. È fondamentale che riserviate al cane un posto per riposare, dove non possano andare i bambini. Non è bene lasciare un bambino piccolo da solo con un cane, anche se sono entrambi tranquilli. I bambini possono diventare crudeli senza volerlo. Sono in grado di farsi male anche da soli, inserendo oggetti

Il cane e il bambino si divertono. Sollecitare il bambino a giocare con il cane in modo corretto è fondamentale. Non lo deve stuzzicare.

ovunque. Inoltre, i bambini si fanno i dispetti l'un l'altro, e fa parte della loro crescita, ma con un cane si rischia di essere morsi. Questi animali possono essere incredibilmente tolleranti, ma la loro pazienza ha un limite e, sfortunatamente per il cane, un morso può significare essere rifiutati dalla famiglia.
I bambini piccoli hanno la stessa altezza dei cani e i morsi al volto non sono così rari.

PREPARAZIONE ALL'ARRIVO DI UN BIMBO

Non sopporto le persone che dicono: "Avremo un bambino, quindi sarà necessario sbarazzarsi del cane". Perché? Il cane è un membro della famiglia, perché dovrebbe andarsene? Prima di prendere un cane, bisognerebbe considerare se si intende tenere un animale, mentre si mette su famiglia. Si deve pianificare in anticipo ed evitare che il "cane-bambino" venga sostituito dal bambino umano. Quando cominciate a portare a casa le cose per il bambino, fatele vedere al cane. Date il comando "Lascia" con tono gentile e un linguaggio posturale che esprima apprezzamento. Portate una bambola in giro ogni tanto e fate rumori che imitino quelli di un bambino. Potrebbe sembrare una sciocchezza, ma aiuterà il cane a familiarizzare con il nascituro.

Il cane per natura è curioso verso un nuovo membro della famiglia. Se le persone sono rilassate, il cane apprende questo linguaggio posturale dagli altri membri della famiglia.

Se reagisce saltando e agitandosi, non dovete fare nulla. Ignoratelo, usando un linguaggio posturale negativo. Uscite con il passeggino per farlo abituare a camminargli a fianco. Andate a passeggiare vicino a parchi giochi o a scuole, cosicché si abitui al rumore che possono fare i bambini. Quando porterete il bimbo a casa, il cane sarà curioso, soprattutto quando lo sentirà piangere. Comportatevi con calma e lasciategli annusare

È bene fare un po' di addestramento con il passeggino, prima dell'arrivo del bambino. Magari potete farvi prestare il figlio di un amico o usare un passeggino vuoto.

la copertina del bambino per farlo abituare al nuovo odore. All'inizio tenete il cane al guinzaglio, così potrà familiarizzare anche lui con il bambino, ma sempre sotto controllo. I cani possono diventare molto protettivi con il neonato e spesso avvertono quando piange. Si preoccupano, infatti, quando sentono piangere un piccolo. Ma di solito si abituano abbastanza in fretta. Non smettete di dare al cane le stesse attenzioni e la stessa dose di addestramento, e tutto andrà bene. I cani imparano velocemente che la pappa di un bimbo di un paio d'anni può essere interessante: il cibo viene lanciato ovunque e lui può approfittarne.

UN CANE O DUE?

I cani amano stare in compagnia e avere due cani può essere fantastico; ma potenzialmente si raddoppiano i guai. Dovete addestrare il "vecchio" cane, prima di prenderne un altro: imparano uno dall'altro ed è meglio che il secondo prenda le buone maniere del primo. Per esempio, se il primo cane è aggressivo o magari scappa, il nuovo cane finirà per fare la stessa cosa.

Due cani che vivono insieme dovrebbero essere addestrati separatamente, per imparare a camminare senza tirare. Ogni cane ha bisogno di attenzioni riservate solo a lui, per dare i risultati migliori.

Quando lo addestrate, fate una pausa per lasciar interagire il vostro cane con i suoi amici. Tenetelo al guinzaglio durante la pausa, così quando ricominciate l'addestramento sarà facile farlo concentrare su di voi. Questo gli insegnerà anche che siete il capo e prendete le decisioni su quando giocare e quando lavorare.

Non è opportuno portare subito un nuovo cane direttamente nella casa dove c'è già l'altro, per il primo incontro. È molto probabile che il cane tema che il nuovo invada il suo territorio e quindi si mostri aggressivo. Se possibile, fateli conoscere in territorio neutrale, tipo un parco o un prato, per vedere se andranno d'accordo. Se il primo incontro va bene e sembrano tranquilli insieme, significa che il nuovo cane sarà accettato più facilmente quando entra in casa. Se dovete dare ordini a un cane e non all'altro, concentrate il linguaggio del corpo su uno e ignorate l'altro. Cercate il contatto visivo con lui e chiamatelo per nome.

ADDESTRAMENTO

Questa sezione è la più ampia e la più importante del libro, poiché offre un corso completo di addestramento, passo per passo, basato sul metodo di addestramento della mia scuola.

I FONDAMENTALI DELL'ADDESTRAMENTO

Assicuratevi di avere dei bocconcini e dei giochi. Devono sempre essere a portata di mano: delle tasche grandi o un marsupio sono la soluzione migliore.

I pantaloni sono ideali per l'addestramento, perché vi piegherete spesso. Indossate una giacca corta che non finisca sul muso del vostro cane e scegliete abiti comodi che vi lascino libertà di movimento.

Per una scuola di addestramento, questa è forse una soluzione che può distrarre troppo.

Non è l'ideale per piegarsi in basso e le scarpe potrebbero ferire il cane.

Tenete il cappotto abbottonato, perché avrete bisogno di vedere il vostro cane e lui voi.

Ecco l'abito ideale per l'addestramento: tanto alla moda, quanto comodo. Ora è più facile concentrarsi sul cane.

È adesso che il linguaggio del corpo si realizza a pieno. La vostra voce dovrà essere calma, decisa e bassa per i comandi, alta per i complimenti. Dovrete essere consapevoli e usare sempre la voce e il linguaggio del corpo. Gli esercizi delle pagine seguenti sono (o dovrebbero essere) insegnati nelle scuole di addestramento, ma servono anche per esercitarsi a casa. Ricordate: in una scuola di addestramento ci sono molte più distrazioni del solito, quindi non abbiate fretta di togliergli il guinzaglio. Nelle scuole, i cani si addestrano tenendoli a sinistra, secondo la vecchia pratica del: "cane a sinistra, arma a destra". A chi è mancino potrà risultare scomodo, ma sarà più facile, una volta diventati pratici col linguaggio del corpo. Nella mia scuola c'è una ragazza che, a causa

di un problema fisico, fa tutto l'addestramento tenendo il cane a destra. Agli occhi degli altri il suo addestramento appare fatto alla rovescia, ma il cane capisce il suo linguaggio del corpo perché lei è completamente coerente con esso.

I cani hanno un naturale bisogno di liberare energie e amano fare esercizio fisico. Se glielo lascerete fare il vostro rapporto ne trarrà giovamento.

ESERCIZIO UNO: SEDUTO

1 Tenete il guinzaglio con la mano destra.

2 Aiutate gentilmente il cane a sedersi.

4 Metodo 2: Guardatelo dritto. Date un chiaro segna con la mano e un comando a voce. Nei primi passi un bocconcino lo aiuterà a concentrarsi.

3 Fategli i complimenti e premiatelo.

SEDUTO

Forse gli avete già insegnato a sedersi, ma non farà male consolidare questo comando basilare. Tenete il guinzaglio nella mano destra con il cane alla vostra sinistra e dategli il comando: "Seduto". Alzate piano il guinzaglio e, con la mano sinistra, aiutatelo a sedersi. Complimentatevi appena risponde e piegatevi in ginocchio piuttosto che dalla vita: inclinarsi sopra di lui potrebbe essere inteso come un messaggio minaccioso.

IMPORTANTE

Osservate nelle foto il linguaggio del corpo e le espressioni facciali degli addestratori, notando come reagisce il cane.

ESERCIZIO DUE: TERRA

1 Metodo 1: cominciate dalla posizione di "Seduto".

2 Mettete la mano sinistra tesa sulla sua schiena, ma non premete. Usate una voce decisa ma calma: "Terra".

3 Assicuratevi di tenere i bocconcini di fronte al naso del cane.

4 Spostate lentamente il bocconcino in avanti.

ESERCIZIO DUE: TERRA – PARTE 2

5 Lasciate il bocconcino e fategli i complimenti.

1 Metodo 2: se il cane non prende il bocconcino, inginocchiatevi insieme al cane. Fate scivolare il cane sul terreno tenendo le vostre braccia sotto le zampe anteriori. Non tirate.

2 Accarezzate il cane e fategli i complimenti.

TERRA

La posizione "Terra" è importante, perché mettere il cane in una posizione di sottomissione lo aiuterà a capire chi comanda (vedi p. 35). Per prima cosa fate adagiare il cucciolo sulla vostra sinistra, poi abbassatevi accanto a lui (così facendo il vostro linguaggio del corpo non sarà minaccioso), appoggiando dolcemente la vostra mano sinistra stesa sulle sue spalle. Con la mano destra avvicinate un bocconcino al suo naso e poi portatelo a terra, il cucciolo lo seguirà da vicino col naso. Non allontanate il bocconcino dal suo naso o lui si alzerà. Date quindi il comando "Terra", abbassate il bocconcino tra le sue zampe anteriori e, dopo, spostatelo gradualmente in avanti. Questo lo farà stendere giù. Adesso lasciate andare il bocconcino e accarezzatelo. Quando il vostro cucciolo avrà imparato, potrete stare in piedi: lui sarà felice di rispondere al vostro amichevole linguaggio del corpo e ai comandi manuali impartiti.

FERMO

È estremamente utile avere un cane che esegua bene il comando "Fermo" e scoprirete che questo comando è di grande utilità. Per esempio, potreste dover parlare con qualcuno che ha un po' paura dei cani. Se il vostro cane sta seduto e fermo, la persona non lo riterrà una minaccia. Stando seduto e fermo, il vostro cane osserverà il vostro linguaggio del corpo molto da vicino nel caso lo chiamiate a voi o che voi andiate da lui. "Terra fermo", invece, è diverso. Una volta dato il comando, tornate sempre dal vostro cane, lui sarà sempre rilassato e vi aspetterà se comprende che tornerete da lui quando è nella posizione di "Terra". La posizione "Terra fermo" è particolarmente utile se dovete affrontare un problema o una situazione pericolosa, mentre siete fuori col vostro cane: metterlo in posizione "Terra fermo" assicurerà che lui stia buono, mentre vi occupate della cosa. Recentemente stavo camminando all'aperto e ho dovuto soccorrere un anziano che era caduto. Il suo cane era turbato, quindi era meglio tenere lontano il mio cane. Fortunatamente l'anziano era solo un po' scosso e dopo alcuni minuti fu in grado di continuare a camminare. Il mio cane rimase nella posizione di "Terra" per un tempo che a lui deve esser sembrato lunghissimo, ma ha reso la situazione facile da gestire.

SEDUTO FERMO

Posizionatelo sulla sinistra e date il comando di "Seduto" tenendo il guinzaglio con la mano sinistra. Con la mano destra mostrate verticalmente il palmo al cane. Date il comando "Fermo". Con la gamba sinistra spostatevi in modo da stare di fronte al vostro cane. Se il cane prova a muoversi verso di voi, applicate un po' di tensione col guinzaglio per scoraggiarlo dal muoversi. Dopo pochi secondi ritornate nella posizione iniziale alla destra del vostro cane. Contate poi fino a tre. Date il comando vocale "Okay" (che è il comando

Pagina 65

CANI DA CACCIA

Questi cani sono compagni fantastici ed è un piacere addestrarli perché comprendono velocemente il linguaggio del corpo. Amano stare all'aperto in ogni situazione climatica e gli piace da matti fare attività fisica. Quando iniziate ad addestrare un cane sportivo, esercitatevi molto sul controllo del guinzaglio, se possibile lungo le rive di uno stagno o di un laghetto. Loro amano nuotare (e più l'acqua è sporca più la preferiscono), quindi è fondamentale ottenere sin dall'inizio il controllo vicino all'acqua. Tra le razze più conosciute di questa categoria ci sono il Golden Retriever (nella foto) e lo Springer Spaniel. Questi cani (come ogni altro cane all'aperto) devono indossare il collare e la targhetta.

ESERCIZIO 3: FERMO SEDUTO

1 Mantenete il corpo dritto e comandate con decisione: "Seduto".

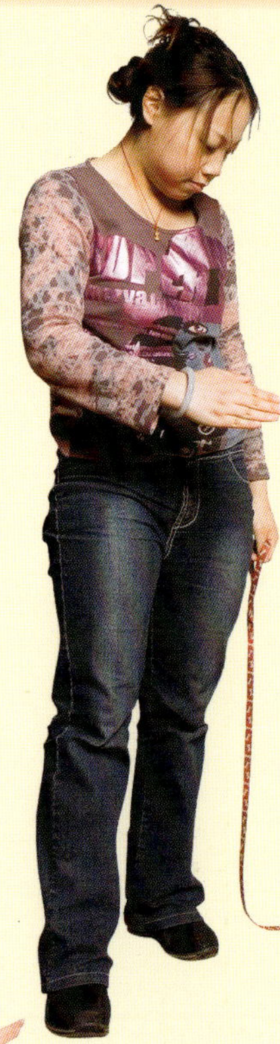

2 Allontanatevi con il piede destro. Mantenete la mano destra ferma e guardate il vostro cane mentre vi allontanate.

4 Riavvicinatevi mantenendo il corpo dritto e il segnale della mano "Fermo".

3 Guardate il cane e ripetete il comando vocale.

5 Date il comando "Okay" e lodate il cane.

per liberarlo dalla posizione). Se al vostro ritorno lui si muove, allora riordinategli il "Seduto" e contate fino a tre, prima di lasciarlo andare. Dopo dite "Okay" e lodatelo. Non tentate di allontanarvi troppo o troppo a lungo e ricordate che "Fermo" significa "Fermo". Se cercate di progredire troppo in fretta, non riuscirete a farglielo eseguire correttamente. Quando sarete sicuri che il vostro cane comprende correttamente, allora potrete allontanarvi di più e più a lungo. Associate sempre l'espressione del viso e i segnali della mano a una postura dritta e amichevole. Non usate il nome del vostro cane e non muovete le mani per attirare la sua attenzione, perché potrebbe pensare che stiate chiamando e si avvicinerebbe a voi. Se durante l'esercizio il vostro cane si sposta, allora ritornate al passaggio precedente e ripetetelo finché il cane sarà pronto a proseguire. Non ridete mai se lui interrompe il "Fermo" o lo interpreterà come una lode e si confonderà. Esercitatelo col

CANI DA PASTORE

Tutte le razze di questo gruppo hanno in comune la capacità di controllare il movimento di altri animali e mostrano più frequentemente questo istinto all'aperto, perché tendono a tenere il gruppo unito.
Reagiscono poi perfettamente all'addestramento.
Tra le razze più conosciute di cani pastori ci sono il Border Collie (nella foto sotto) e il Pastore Tedesco; meno conosciuti sono invece il Puli e il Briard.

"Seduto fermo" un po' alla volta e non troppo spesso. Se durante l'esercitazione il vostro cane va nella posizione "Terra", ritornate da lui e riportatelo nella posizione "Seduto", e dopo proseguite col "Fermo". Non perdete la concentrazione, altrimenti anche il cane farà lo stesso.

RICORDATE I SEGNALI DEL CORPO

Usare prima la gamba destra quando vi allontanate dal vostro cane mentre lui è in posizione "Fermo", e la gamba sinistra per la condotta al passo, serve a insegnare al cane il vostro linguaggio del corpo. Col tempo, sarete in grado, anche solo muovendo una gamba, di avere il cane "Fermo", o di farlo andare al passo senza il bisogno di nessun comando vocale.

TERRA FERMO

Per iniziare, usate lo stesso metodo del "Seduto fermo". Ponete il cane alla vostra sinistra in "Terra". Ancora una volta allontanatevi con la gamba destra e voltatevi in modo da guardare dritto il cane. Con "Terra" il vostro linguaggio del corpo sarà diverso e il comando della mano sarà dato col palmo quasi del tutto rivolto verso il basso. Questo è l'unico esercizio in cui potrete piegare leggermente il busto, ma non dovrete comunque sovrastare il vostro cane. Come col "Seduto fermo", ritornate ora dal cane e rimanete al suo fianco contando fino a tre, dite poi "Okay" e fategli i complimenti. Non abbiate fretta di eseguire questo esercizio senza il guinzaglio: finché potrete usarlo, il controllo sarà vostro. Una volta raggiunto il livello in cui potete allontanarvi per l'intera lunghezza del guinzaglio e il vostro cane rimane tranquillamente fermo, provate allora a spostarvi lateralmente e a girare intorno al cane. Ripetete a intervalli il comando "Fermo", specialmente se credete che stia per muoversi. Una volta concluso l'esercizio giocate un po' col vostro cane: l'addestramento deve essere divertente.

ESERCIZIO 4: TERRA FERMO

1 State vicino al cane, mantenete una postura dritta e comandate con decisione: “Fermo”

2 Allontanatev con la gamb destra tenendo la mano ferma. È da notare che la mano è più bassa per il “Terra fermo” rispetto al “Seduto fermo ”.

3 Guardate dritto il cane, ripetet il comando e mantenete la mano alla stessa altezza. È del tutto accettabile che il corp si inclini leggermente verso il can

4 Ritornate da lui mantenendo fermo il comando della mano.

5 Date l'"Okay" e complimentatevi col cane.

CONDOTTA AL GUINZAGLIO

Non c'è niente di peggio che avere il braccio sempre strattonato e la condotta al guinzaglio serve a far camminare il cane vicino a voi. La posizione ideale per la condotta al guinzaglio è avere la spalla del cane all'altezza delle vostre gambe. In questo modo occuperete meno spazio mentre camminate e, se il vostro cane mantiene la posizione, voi non inciamperete su di lui. All'inizio motivate il cane offrendogli dei bocconcini. Posizionate il cane alla vostra sinistra, tenete il guinzaglio nella mano sinistra in modo rilassato e nella destra tenete pronto un bocconcino. La vostra mano destra dovrà spostarsi vicino la gamba sinistra (come nell'immagine a pagina 72 per il Richiamo parte 1). Date il comando "Piede" incamminatevi partendo con la gamba sinistra. Dopo alcuni passi date il comando "Vieni", spostate la mano al centro delle vostre gambe e fate qualche passo indietro. Fermatevi, date il comando "Seduto" e dategli un bocconcino. Fategli ora dei complimenti e giocate con lui. Ogni volta che il cane stabilisce un contatto visivo con voi fate seguire al comando dei grandi complimenti. Questo esercizio vi farà desiderare di avere un Alano, perché tenere il bocconcino vicino al naso di un cane piccolo è dura per la schiena. Tutto questo esercizio è chiamato "Richiamo". Aiuta a insegnare al cane la corretta posizione di passo e, poiché lo tiene all'erta ai cambiamenti improvvisi del vostro linguaggio del corpo come quando indietreggiate, è ottimo per mantenerlo attento. Quando fate addestramento inserite anche qualche richiamo da intervallare alla condotta al guinzaglio – ciò renderà tutto meno noioso per entrambi. Il passaggio successivo è più difficile (vedi pagina 78). Con il cane di nuovo alla vostra sinistra, tenete questa volta il guinzaglio con la mano destra. Il vostro braccio destro dovrà

Pagina 77

SEGUGI

Qui vediamo la meravigliosa varietà di colori dei Levrieri. I segugi hanno un ottimo fiuto – erano originariamente cani da caccia e amano agire in branco.
Il trucco per addestrare i segugi è il cibo, quindi tenete sempre dei profumati bocconcini a portata di mano.
Tra le razze più conosciute di segugi ci sono i Levrieri (nella foto sopra) e il Whippet; meno conosciuti sono poi l'Otterhound e il Borzoi.

ESERCIZIO 5: IL RICHIAMO – PARTE 1

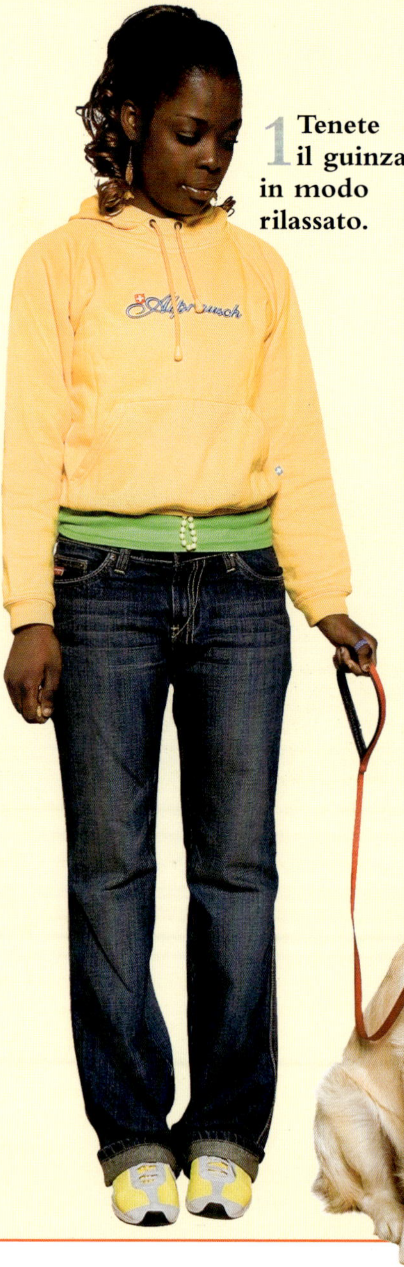

1 Tenete il guinzaglio in modo rilassato.

2 Tenete un bocconcin nella mano destra appoggiata sulla vostra gamba sinistr all'altezza del naso del vostro cane.

3 Incoraggiatelo un bel po' e usate il comando "Passo".

4 Spostate la mano in mezzo alle vostre gambe.

ESERCIZIO 5: IL RICHIAMO – PARTE 2

5 Andate all'indietro usando il comando "Vieni".

6 Appena prima di fermarvi alzate leggermente la mano.

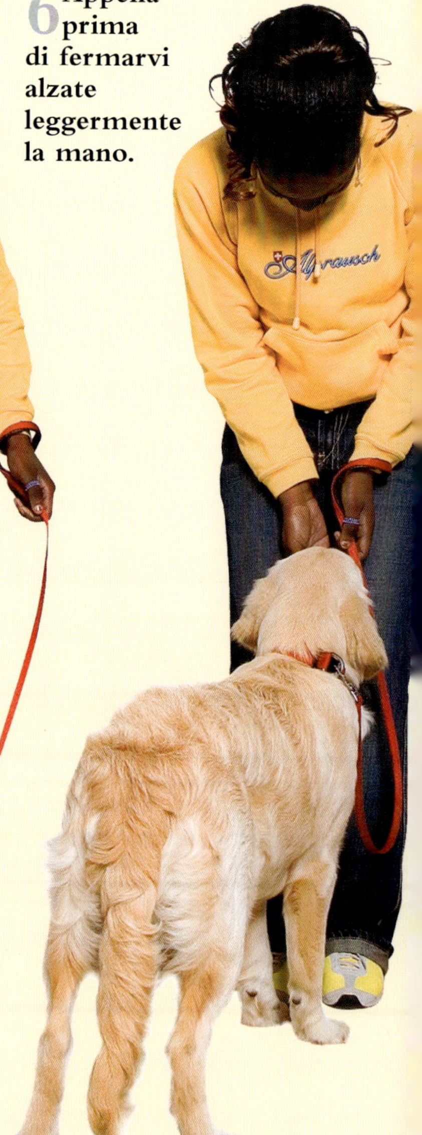

7 Mantenete la mano appoggiata al corpo.

8 Restate dritti, comandate "Seduto" e alzate la mano in alto.

Un po' di complimenti e un sorriso.

stare dritto. Date con tono deciso il comando: “Passo”. Partite con la gamba sinistra. Se il cane tira, dite “Passo” e allungate il braccio in avanti in modo da allentare un po’ il guinzaglio. Date un leggero e rapido strattone per riportare il cane in posizione e lodatelo ad alta voce. Ogni volta che il vostro cane è in posizione corretta, guardatelo e lodatelo. Il guinzaglio non deve essere mai troppo stretto. Il cane deve stare sempre dalla parte del braccio che lo regge. Dovreste essere piuttosto rilassati, il braccio soprattutto non deve essere rigido. In questo modo, quando avrete bisogno di dare uno strattone al cane, potrete farlo agevolmente tirando a voi il braccio. In una scuola di addestramento vi potreste ritrovare a camminare con altri cani, davanti e dietro, quindi non dovete lasciare che il vostro cane venga distratto. Se vi guarda, fategli complimenti e, se serve, dategli un bocconcino. È importante prestare la massima attenzione al proprio cane: se non sarete attenti al 100%, nemmeno lui lo sarà. Resistete quindi alla tentazione di chiacchierare col padrone di un altro cane. Parlando, finireste (inconsciamente) per fare gesti con la mano e confondereste il cane. Quando camminate dietro ad altri cani, il cane davanti si potrebbe distrarre se gli siete troppo vicini. Se invadete il suo spazio, comincerà a camminare in cerchio e ad agitarsi, il che è stressante anche per il vostro cane. Mantenete pertanto una distanza di almeno un metro. Il ritmo della condotta al guinzaglio potrà variare molto se un cane e il suo padrone si muovono più lentamente del resto del gruppo. Quindi, se il cane davanti a voi rallenta, dovrete fare lo stesso. Ricordate che siete tutti a una scuola di addestramento per la stessa ragione: sarà tutto molto più semplice, se state attenti anche agli altri cani e agli altri padroni.

ESERCIZIO 6: CONDOTTA AL GUINZAGLIO

1 Ricordate di partire con la gamba sinistra.

2 Tenete il guinzaglio con la mano destra, davanti al corpo.

PARTE I

3 Quando il cane comincia a tirare, impartite l'ordine "Piede".

ESERCIZIO 6: CONDOTTA AL GUINZAGLIO

4 Il guinzaglio deve essere lento.

5 Il braccio fa un movimento all'indietro, dando un leggero strattone.

PARTE 2

6 Il cane è in posizione "Piede" e il braccio è tornato a posto.

CANI DA COMPAGNIA

Questo è un gruppo vario, composto da cani molto diversi fra loro per taglia, aspetto, carattere e abilità. Hanno tutti la propensione a essere buoni cani da guardia e da compagnia, ma possono dimostrarsi difficili da addestrare, perché spesso sembrano non aver interesse ad apprendere. È necessario perseverare, trovando una motivazione particolare per il cane (magari un determinato giocattolo o premio) e i risultati dovrebbero arrivare. Le razze più conosciute in questo gruppo sono il Dalmata (nella foto) e il Bulldog. Meno comuni sono il Bichon Frisé e lo Spaniel Tibetano. Questo Dalmata indossa una pettorina, che non è proprio l'ideale quando gioca all'aperto, perché potrebbe impigliarsi in un ramo.

ESERCIZIO 7: GIRARE A DESTRA

1 **Date l'ordine di "Piede" appena prima di girare.**

2 **Datevi un colpetto sulla gamba sinistra e incoraggiatelo.**

3 Lodatelo quando esegue.

GIRARE A DESTRA

Per girare a destra, utilizzate il comando “Piede”, girate a destra, abbassatevi leggermente, datevi un colpetto sulla gamba sinistra per incoraggiare il cane e girate. Lodatelo e sorridete, continuando a camminare. Se il linguaggio del vostro corpo resterà semplice, il cane riconoscerà subito il piccolo cambiamento nella vostra postura. Non piegate eccessivamente il corpo: muovetevi in modo naturale, come fareste normalmente per girare. Sviluppate l’esercizio lasciando sciolto il canc e consentendogli di giocare vicino a voi. Giratevi e prendete un’altra direzione, allontanandovi. Dovrebbe vedervi e girare per seguirvi. Questo è un buon esempio di linguaggio posturale chiaro, al quale il cane risponderà con facilità.

ESERCIZIO 8: GIRARE A SINISTRA

1 Date l'ordine "Indietro" con il palmo della mano sinistra piatto sul guinzaglio.

2 Usate il corpo e la mano sinistra.

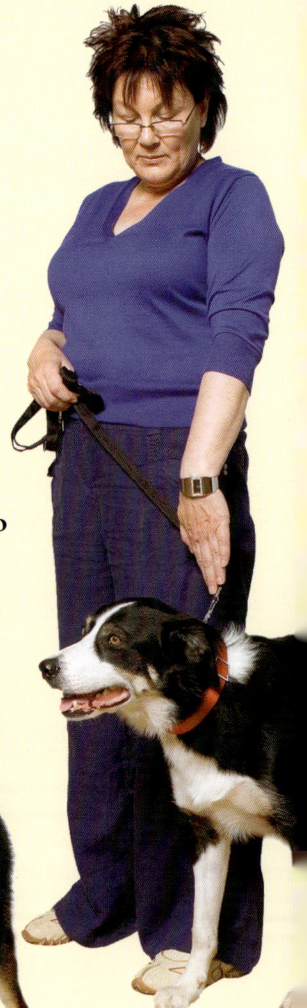

3 Il cane gira intorno.

GIRARE A SINISTRA

Per girare a sinistra utilizzate il comando "Indietro". Mettete la mano sinistra sul guinzaglio per evitare che il cane vada davanti a voi quando girate. Fate ruotare il corpo a sinistra, abbassando leggermente la spalla sinistra. Questa è la postura che il vostro cane riconoscerà. Girate, poi togliete la mano sinistra dal guinzaglio e indicate al cane di mantenere la posizione al piede. Lodatelo e sorridete. Potete rendere questo esercizio più efficace servendovi di un giocattolo, per verificare l'abilità del cane a seguire il vostro linguaggio posturale. Girate, con un movimento evidente, nella direzione in cui lancerete il giocattolo. La postura esplicita gli indicherà che il giocattolo va in quella direzione.

ESERCIZIO 9: DIETROFRONT A DESTRA

1 Come per girare a destra, utilizzate il comando "Piede".

2 Datevi un colpetto sulla gamba sinistra e guardate il cane.

3 Incoraggiatelo molto. Il vostro cane deve camminare più di voi.

4 **Sorridete e lodatelo quando ha finito.**

DIETROFRONT A DESTRA

Se continuerete a camminare nella stessa direzione, vi girerà la testa. Per cambiare, date il comando "Piede" per avvisarlo che state per cambiare direzione. Date un leggero strattone al guinzaglio e girate il corpo verso destra. Il cane avrà già familiarità con il linguaggio del corpo che ha imparato precedentemente per girare a destra.

Fate un'inversione completa per trovarvi nella direzione opposta. Lodate il cane non appena esegue. Potete rendere l'esercizio più efficace se a volte girate senza avvisarlo. Questo stimolerà il cane a prestare più attenzione alla vostra postura, perché all'improvviso non vi vedrà più al suo fianco. In futuro controllerà con più attenzione i cambiamenti nel movimento delle gambe e i leggeri piegamenti del vostro corpo.

ESERCIZIO 10: DIETROFRONT A SINISTRA

1 Con la mano sinistra sul guinzaglio, date il comando “Indietro”.

3 Il cane deve quas indietreggia

2 Iniziate a girare, con un linguaggio posturale esplicito.

4 Lodatelo.

PASSO

Cambiate il passo. Potreste trovare utile la parola "Piano" per ottenere un'andatura più lenta. Per andare più velocemente, aumentate gradualmente il passo fino a una corsa moderata. A questa andatura i cani si agitano, quindi non esagerate. Se dovesse iniziare a saltare per l'eccitazione, rallentate, riprendete il controllo e continuate l'addestramento a un passo normale.

DIETROFRONT A SINISTRA

Questa inversione è la più difficile. Girate il corpo a sinistra e date il comando "Indietro". Girate tenendo la mano sinistra sul guinzaglio. Se avete già fatto pratica per girare a sinistra, questa inversione sarà più semplice, visto che il cane potrà capire i vostri movimenti: in realtà si tratta solamente di un doppio giro a sinistra. Lodate il cane e, sorridendo, incoraggiatelo a stare al piede. I comandi consigliati sopra sono solo delle indicazioni: se preferite utilizzare parole diverse, va bene ugualmente, purché siate costanti. La vostra postura dovrebbe essere naturale mentre camminate: più siete rilassati voi, più lo sarà il vostro cane. Questi movimenti per girare sono essenziali se avete intenzione di proseguire con l'addestramento per l'agility, e comandi vocali chiari saranno d'aiuto al vostro cane quando non potrà vedere la vostra postura.

GIRARE INTORNO AL CANE DURANTE GLI ESERCIZI AL GUINZAGLIO

Questo è un altro esercizio per mantenere alta l'attenzione del cane quando fate l'addestramento al guinzaglio. Fermatevi, dite al cane di rimanere seduto, sdraiato o fermo. Ditegli di non muoversi. Date l'apposito ordine con la mano, tenete il corpo eretto e mantenete il segno con la mano. Iniziate a camminare con la gamba destra. Girate intorno a lui e, se necessario, ripetete il comando vocale mentre gli camminate intorno, finché non si sarà abituato. Se è seduto, il comando è "Seduto fermo". Scandite entrambe le parole perché capisca bene. Quando tornate alla posizione al piede, lodatelo e continuate con l'addestramento. Fate questo esercizio in tutte e tre le posizioni: seduto, a terra o in piedi. Inizialmente non fate un giro troppo ampio. Se il cane inizia a girare con voi, fate solamente mezzo giro per cominciare, poi aumentate gradualmente. Il vostro linguaggio posturale dovrebbe essere eretto e sicuro, e soprattutto non chinatevi sul cane. Dovete guardarlo per tutta la durata dell'esercizio: la vostra testa e il vostro corpo gireranno naturalmente.

Dopo aver fatto pratica utilizzando i comandi vocali collegati a questi movimenti, potrete evitare di utilizzare le parole, sarà sufficiente il linguaggio del corpo. Se siete incerti durante l'esecuzione dell'esercizio, una postura negativa renderà insicuro il cane. Quindi provate quando il cane si sarà abituato a vedervi girargli intorno, abbassate la voce e provate solo con il gesto della mano e i movimenti del corpo.

CANI DI PICCOLA TAGLIA

Non lasciatevi ingannare dalla scarsa altezza di questi cani, che invece sono spesso robusti e resistenti. Sono intelligenti per natura: comprendono e rispondono al linguaggio posturale con facilità. Gli piace stare in compagnia ed essere intrattenuti, e forse la cosa che preferiscono è stare in braccio. Tra le razze più conosciute di questo gruppo ci sono il Pechinese (cuccioli nella foto sotto) e il Barboncino; sono meno comuni il Toy Fox Terrier e il Bichon Avanese.

ESERCIZIO 11: GIRARE INTORNO AL CANE

1 Con il guinzaglio nella mano sinistra, date un comando chiaro di "Seduto fermo", insieme al gesto della mano.

2 Camminate davanti al cane.

IN POSIZIONE "SEDUTO"

3 Notate che la posizione del gesto della mano è più alta quando il cane è seduto.

4 Quando siete dietro al cane, date di nuovo il comando vocale "Seduto fermo".

5 Lodatelo, passate il guinzaglio nell'altra mano e continuate con l'addestramento al guinzaglio.

ESERCIZIO 12: GIRARE INTORNO AL CANE

1 Con il guinzaglio nella mano sinistra, date un comando chiaro di "Seduto fermo", insieme al gesto della mano.

2 Camminate davanti al cane.

3 Notate la posizione della mano, con il palmo rivolto a sinistra.

IN POSIZIONE IN PIEDI

4 Quando siete dietro al cane, date di nuovo il comando vocale "Seduto fermo".

5 Lodatelo, passate il guinzaglio nell'altra mano e continuate con l'addestramento.

ESERCIZIO 13: GIRARE INTORNO AL CANE

1 Con il guinzaglio nella mano sinistra, date un comando chiaro di "Terra fermo", insieme al gesto della mano.

2 Camminate davanti al cane.

IN POSIZIONE SDRAIATO

3 Notate la posizione della mano, col palmo rivolto verso il basso.

4 Quando siete dietro al cane, date di nuovo il comando vocale "Seduto fermo".

5 Lodatelo, passate il guinzaglio nell'altra mano e continuate con l'addestramento.

IL RICHIAMO

Questo esercizio serve per far tornare il cane da voi, qualsiasi cosa stia facendo. La vostra postura dovrebbe essere quanto più accogliente possibile per il richiamo: dovete avere un'espressione felice e un tono allegro. Per la motivazione dovreste usare due premi o un giocattolo. Iniziate tenendo il cane al guinzaglio in posizione seduto alla vostra sinistra. Impartite il comando vocale "Fermo" accompagnato da un gesto chiaro, con la mano sollevata. Iniziate ad allontanarvi partendo con la gamba destra. Mantenete il comando di fermo e il segnale con la mano fino ad arrivare alla fine del guinzaglio. State di fronte al cane e tenete i piedi leggermente separati. I cani non vedono bene come gli esseri umani, pertanto date un segnale con la mano che il cane sia in grado di vedere anche da lontano. Il linguaggio del corpo dovrebbe riprodurre approssimativamente la lettera "T". Allargate le braccia e date l'ordine "Vieni" con un'espressione del viso molto accogliente. Date un leggero strattone al guinzaglio, assicurandovi che rimanga sempre teso, mentre il cane corre. Contemporaneamente incoraggiatelo con la voce, finché non sarà direttamente davanti a voi, quasi a toccare le vostre gambe. Se vi chinate verso di lui, lo allontanerete da voi. Più sarà seduto lontano più vedrà cose che lo distraggono. Impartite l'ordine "Seduto". Dategli il premio e lodatelo, ma fatelo rimanere seduto. Dopo alcune prove, non dovrebbe più essere necessario tirare il guinzaglio, il cane verrà da voi spontaneamente. Le prime volte che proverete l'esercizio senza guinzaglio, andate alla stessa distanza di quando il cane stava al guinzaglio. Potete aumentare la distanza da cui lo chiamate, facendo un paio di passi in più prima di girare e mettervi davanti a lui.

TERRIER

I Terrier sono noti per il loro carattere festoso e la grande energia. Originariamente selezionati per la caccia a piccoli animali infestanti, come i ratti, mostrano tutta la loro innata velocità e destrezza negli esercizi di agilità. Non sempre accettano gli altri cani; dovete essere molto decisi per avere il pieno controllo di un Terrier. Tra le varietà più conosciute ci sono l'Airedale (foto sotto) e il Jack Russell; meno conosciuti sono il Lakeland e il Kerry Blue. Questi Airedale Terrier sono legati con collari a strangolo, che io sconsiglio, per la loro pericolosità. È meglio utilizzare collari normali.

ESERCIZIO 14: RICHIAMO – PARTE 1

1 Tenete pronti in mano i due premi. Il guinzaglio deve stare nella mano sinistra, tenuto non troppo lungo.

2 Un segnale chiaro di "Seduto fermo".

3 **Guardatelo da sopra la spalla sinistra, per non perdere mai di vista il vostro cane. Utilizzate il segnale di "Fermo".**

4 **Appena farete il gesto con la mano, il cane verrà da voi.**

ESERCIZIO 14: RICHIAMO – PARTE 2

5 Il comando vocale dovrebbe essere incoraggiante.

6 Attirate il cane, tenendo i premi al centro delle gambe.

7 Tenete le mani su, ma non troppo, altrimenti il cane vi salterà addosso. Date un secco comando di "Seduto".

8 Dategli un premio e lodatelo.

FINIRE AL PIEDE

Il cane è seduto davanti a voi dopo aver eseguito il richiamo. Ha appena ricevuto il premio e sta aspettando il comando successivo. Dovete riportarlo nella posizione al piede, così sarà pronto per gli esercizi al guinzaglio o per continuare a camminare. Questo è "Finire al piede". Passatevi il guinzaglio dietro la schiena da destra a sinistra. Date il comando "Piede". Tirate indietro la gamba destra per agevolare il cane. Tenendo il premio o il giocattolo nella mano destra, incitatelo a seguirvi. Quando sarà proprio dietro di voi, portate avanti la gamba destra, fino a essere pari all'altra. Girate la testa a sinistra e guardatelo da sopra la vostra spalla. Riportate il braccio destro davanti al corpo. Con questo braccio tenete il premio vicino al suo naso. Fatelo mettere al piede. Quando la sua spalla sarà all'altezza della vostra gamba, dategli il comando di "Seduto", lodandolo. Dategli un premio, oppure fate una pausa, facendolo giocare. Il richiamo e il finire al piede, vengono trattati come due esercizi distinti per una ragione ben precisa. Se il cane sta tornando verso di voi, è meglio che si concentri sul vostro viso piuttosto che seguirvi per riprendere la posizione al piede. Con il tempo prenderà a venire verso di voi velocemente e se si concentra a venirvi dietro, potrebbe distrarsi, magari scegliendo di andare a giocare con un cane visto in lontananza. Mostrategli la vostra approvazione per essere venuto da voi. La vostra postura deve essere rilassata, il volto felice e la voce allegra. Sono necessari tutti e tre i fattori.

CONSIGLIO

Girate regolarmente la testa a destra per incitarlo nella prima fase. Quando il cane avrà imparato bene l'esercizio, sarà sufficiente un cenno della testa e della mano.

RAZZE MISTE

Questo gruppo è molto vario e raccoglie le razze meno comuni (da non confondere con gli incroci, vedi pag. 135). La maggior parte sono cani di taglia grande, con istinto da guardia e da pastore, insieme a una buona capacità di capire il linguaggio posturale. Nella foto in basso è ritratto il Dogue de Bordeaux (che indossa un collare a strangolo, sconsigliato, vedi p. 19). Fra le altre razze, questo gruppo comprende il Mastino Tibetano e il Beauceron.

ESERCIZIO 15: FINIRE AL PIEDE

1 Date il comando di “Fermo” mentre vi passate il guinzaglio dietro alla schiena.

2 Spostate indietro la gamba destra. La postura incoraggia il cane ad andare avanti.

3 Date il comando “Piede”.

4 Girate la testa per lodare il cane, sorridete e incoraggiatelo.

5 Riportate in avanti la gamba destra nella posizione di partenza. Sollevate la mano destra per il segnale di seduto e con la sinistra indicate al cane la posizione da assumere.

6 Lodatelo al termine dell'esercizio.

ESERCIZIO 16: RICHIAMO COMPLETO CON

1 Questa è la prima fase di un richiamo controllato senza guinzaglio. Richiamare il cane durante una sessione di addestramento gli ricorda che deve rispondere immediatamente ogni volta che lo chiamate. Buona posizione di fermo, corpo ben eretto.

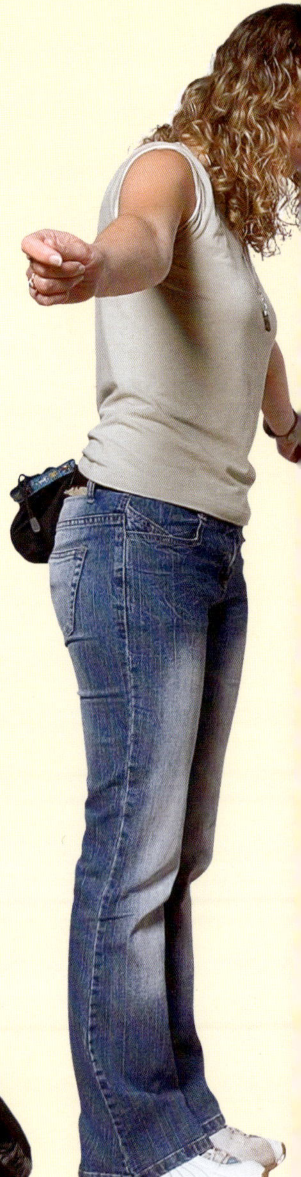

2 Controllate il cane guardandolo da sopra la spalla.

FINE AL PIEDE – PARTE 1

3 Un gesto chiaro da lontano è ben visibile per il cane. La postura è eloquente e se il cane è piuttosto vicino e vi sta guardando non serviranno i comandi vocali.

4 Quando il cane avrà imparato, con un po' di pratica potrete aumentare la distanza. Da lontano, il corpo (a sinistra) dovrebbe assumere un'evidente forma a "T" quando lo chiamate.

ESERCIZIO 16: RICHIAMO COMPLETO CON

6 Mani al centro per farlo seder e per la ricompensa. Anche con un cane di taglia piccola, mantenete una posizione eretta piuttost che chinarvi, altrimenti allontanerete il cane.

5 Mantenete una linea diritta con il corpo e poi, con le mani, indicategli la posizione.

FINE AL PIEDE – PARTE 2

7 Con un segnale chiaro, indicate al cane di tornare al piede.

8 Parlategli per incoraggiarlo e sorridete. Missione compiuta.

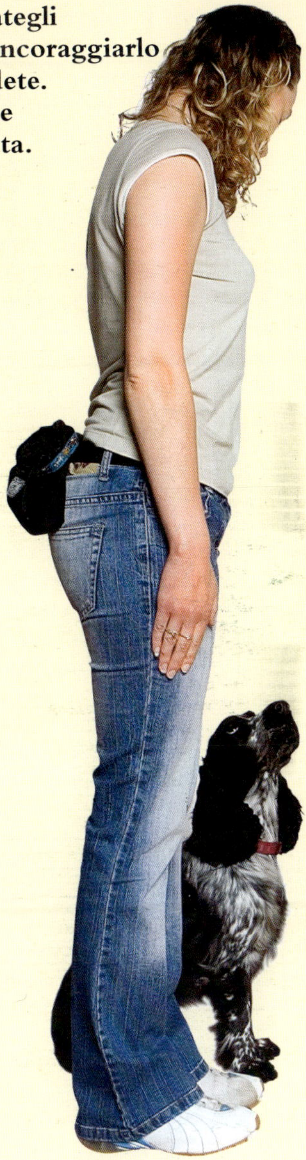

ESERCIZIO 17: FINIRE AL PIEDE DA

1 Mano sinistra piatta sul guinzaglio.

2 Date il comando "Fianco". Tirate indietro la gamba sinistra.

3 Con i movimenti del corpo, aiutate il cane a girare in direzione antioraria. Dategli spazio sufficiente, assicurando che il guinzaglio non sia troppo tirat e che il vostro braccio possa allungarsi tanto da consentirgli di fare comodamente un giro completo

SINISTRA

4 Sollevate la mano destra per il segnale di seduto e con la mano sinistra indicategli la posizione.

5 Al termine lodatelo.

FINIRE AL PIEDE DA SINISTRA

Con l'arrivo al piede da sinistra, il cane eviterà di anticipare la posizione di piede, senza aver ricevuto l'ordine.
Questo significherebbe che non presta attenzione e che potrebbe distrarsi.
Con il cane seduto davanti a voi, tenete il guinzaglio nella mano destra. Mettete la mano sinistra sul guinzaglio, vicino a lui. Date il comando "Fianco" e piegatevi leggermente indietro. Con la mano tirate leggermente il guinzaglio per portare il cane in senso antiorario nella posizione di piede. Date il comando "Seduto" e lodatelo.
Un cenno della mano o della testa sarà in seguito l'unico gesto necessario per questo esercizio.

ORDINI A DISTANZA

Gli ordini a distanza vi insegnano a dare ordini al cane da lontano senza farlo avvicinare. Nel caso in cui, per esempio, il cane fosse scappato e si trovasse dall'altra parte della strada, dovreste evitare che attraversi la strada per tornare da voi. Con gli ordini a distanza potete dirgli di stare fermo fino a quando non vi è possibile attraversare in sicurezza per andare a riprenderlo. Gli ordini a distanza possono salvare la vita al vostro cane.

TERRA

Fate sedere il cane. State in piedi di fronte a lui a un metro circa di distanza. Utilizzate segnali con la mano e postura chiari e decisi. Fate un passo avanti solo con la gamba destra. Indicate "Terra" con la mano destra. Piegate in avanti il corpo e date il comando di "Terra". Dategli un premio e lodatelo. Riportate a posto la gamba.

STAND UP

Per farlo alzare, fate un passo avanti con la gamba destra. Date il comando "Su". Muovete la mano con il premio verso la bocca del cane. Tiratevi indietro e portate gradualmente indietro la mano finché il cane non si alzerà. Dategli il premio e lodatelo.

SEDUTO

Per farlo sedere, fate nuovamente un passo avanti con la gamba destra. Alzate il braccio destro e dategli il comando di "Seduto". Quando provate questi esercizi, cambiate l'ordine dei comandi e non abbiate fretta. Non dovete cercare di aumentare la distanza fra voi e il cane finché non avrà risposto al primo comando senza avanzare. Ci vuole tempo per far apprendere gli ordini a distanza. Se il cane inizia ad avanzare quando voi vi allontanate, mettetevi un po' più vicino a lui e ricominciate. Praticate i comandi "Seduto", "Su" e "Terra" solo due volte ognuno, altrimenti il cane si annoierà.

CANI DA LAVORO

Questi cani sono molto forti: è indispensabile addestrarli bene, perché un cane potente e indisciplinato può essere pericoloso. (Soprattutto per le razze da lavoro, è assolutamente consigliabile che i cani vengano addestrati in una scuola specializzata). Sono intelligenti, veloci ad apprendere il linguaggio posturale e sono anche degli eccellenti cani da guardia. Alcune di queste razze sono utilizzate per trainare la slitta e per il soccorso in acqua. Tra quelle più conosciute ci sono il San Bernardo (foto accanto) e il Danese. Meno conosciuti sono il Siberian Husky e il Mastino Tibetano.

ESERCIZIO 18: ORDINI A DISTANZA –

1 Guinzaglio nella mano sinistra. La mano destra indica "Terra". Gamba destra avanti, comando vocale di "Terra".

È indispensabile abbassare leggermente il corpo o la testa in questo esercizio: è il linguaggio posturale che quasi lo spinge a terra. Il cane dovrebbe abbassarsi insieme al vostro corpo.

TERRA

2 Utilizzate l'espressione del viso, la voce e la postura.

3 Fate un passo indietro, ma non lodatelo troppo, o potrebbe alzarsi.

ESERCIZIO 19: ORDINI A DISTANZA –

1 Date il comando "Su". Tirate leggermente il guinzaglio. Segnale con la mano destra. Tiratevi indietro col corpo.

IN PIEDI

2 Palmo della mano rivolto verso destra.

3 Dopo aver riportato a posto la gamba, continuate a tenere il segnale con la mano e ridate il comando con la voce, altrimenti il cane avrà la tentazione di avanzare.

ESERCIZIO 20: ORDINI A DISTANZA –

1 Piede destro avanti, per spingere il cane a indietreggiare. Notate il ginocchio piegato.

2 Segnale con la mano in alto.

SEDUTO

3 Se necessario, confermate il segnale con la mano e con la voce.

La vostra postura dovrebbe essere eretta in questa fase e il movimento con la mano deve essere alto. Se il cane guarderà in alto, sarà più facile per lui prestarvi attenzione.

ESERCIZIO 21: ORDINI A DISTANZA

1 Quando avrà imparato, il cane manterrà tutte e tre le posizioni.

In questo esercizio, più sarete lontani dal cane, più sarà difficile per lui veder l'espressione del vost viso. Quindi è ancor più importante fare movimenti chiari con il corpo.

SENZA GUINZAGLIO

2 Con il tempo, un segnale unico sarà sufficiente: la postura, la voce o il solo gesto con la mano.

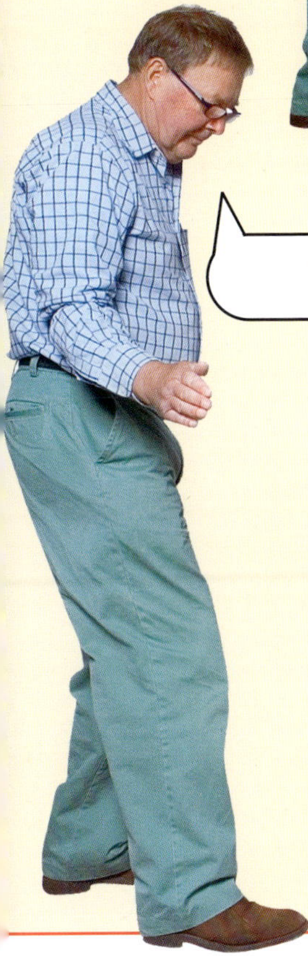

3 Con il tempo, dovreste poter controllare il cane a distanza da diversi metri, usando solo la postura e i segnali con la mano.

IL RIPORTO

Il riporto è un esercizio divertente, ma, come sempre, è necessario mantenere il controllo del cane. Utilizzate un giocattolo che non rotoli quando lo lanciate (altrimenti il cane potrebbe spingerlo più lontano e cominciare a giocarci). È probabile che abbia una predilezione per le palle, quindi, se volete utilizzarle, procuratevene una attaccata a una corda (più difficile da spingere via). Se è contento e tira per arrivare al giocattolo, non lo punite, o potreste scoraggiarlo. Come per gli altri esercizi, iniziate l'addestramento al guinzaglio. Tenendo il cane alla vostra sinistra, dategli il comando di "Fermo". Tirate il giocattolo o un finto pesetto per cani (foto del peso, p. 19) poco avanti a voi. Ditegli "Prendi" e muovete la gamba sinistra avanti verso il giocattolo, in modo che il cane debba girare intorno alla gamba per prenderlo. Fateglielo raccogliere. Si troverà di fronte a voi: richiamatelo usando il comando "Vieni". Quando avrà eseguito, lodatelo. (Se cerca di correre via con il giocattolo invece di tornare da voi, tirate leggermente il guinzaglio). Indietreggiate, come per il richiamo del cucciolo (vedi p. 72), incitandolo a venire da voi. Ordinategli di mettersi seduto e lodatelo, ma non toglietegli il giocattolo a forza. Dategli il comando "Lascia", mettete la mano davanti al suo muso con le dite allargate, con il palmo in alto rivolto verso di lui. Toglietegli l'oggetto e lodatelo.

CONSIGLIO

Quando ritenete che il cane abbia fatto bene l'esercizio e l'abbia completato, potete terminare con un comando "Okay". Se il cane riporta l'oggetto e torna di sua spontanea volontà, potete procedere facendo l'esercizio senza il guinzaglio.

RAZZE DA GUARDIA

Non esiste una classificazione di gruppo specifica dell'ENCI. Le razze dei cani da guardia provengono da gruppi diversi. Nonostante la cattiva fama di cui godono cani da guardia come i Rottweiler, i Doberman e i Pastori Tedeschi, queste razze sono molto intelligenti. È indispensabile un addestramento adeguato, insieme a molti stimoli e tempo: dopo, si adatteranno benissimo alla vita di casa. Hanno un naturale istinto di protezione. I cani da guardia solitamente sono utilizzati dalla polizia e per il soccorso in montagna o su altri terreni.

ESERCIZIO 22: RIPORTO AL GUINZAGLIO –

1 Tenete il guinzaglio lento, per evitare di dare al cane uno strattone che possa scoraggiarlo dal prendere il giocattolo.

2 Tenetelo per il collare, quando lanciate l'oggetto.

PARTE I

3 Bloccando il giocattolo con la gamba sinistra, il cane deve girare intorno, ritrovandosi davanti a voi. In questo modo sarà difficile per lui spingere più lontano l'oggetto per giocare.

4 È più facile che torni da voi, ora che vi sta davanti.

ESERCIZIO 22: RIPORTO AL GUINZAGLIO –

5 **Tenete il giocattolo con delicatezza, altrimenti il cane inizia a tirarlo per gioco.**

6 **Con le dita allargate, ordinate "Lascia".**

PARTE 2

7 Una buona ricompensa è giocare con lui dopo l'esercizio.

Non utilizzate un guinzaglio troppo lungo per questo esercizio: se rimane impigliato potrebbe non voler più fare il riporto.

ESERCIZIO 23: RIPORTO SENZA GUINZAGLIO

1 Senza il guinzaglio e sotto controllo sono più felici sia l'addestratore che il cane.

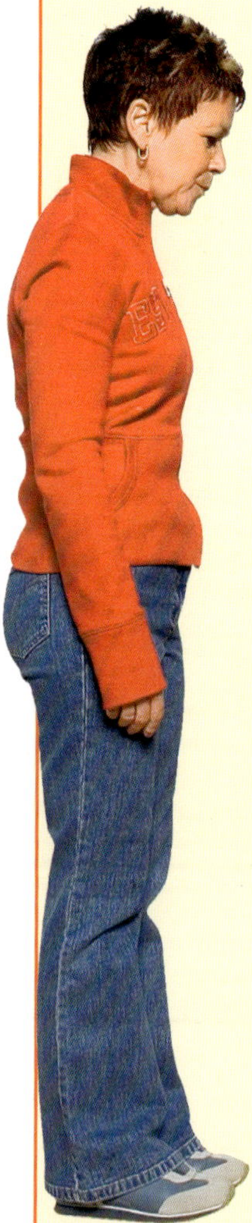

2 Il cane è contento di fare l'esercizio.

3 Ben fatto.

Il riporto è teoricamente uguale al richiamo (p. 100), dopo che il cane ha raccolto l'oggetto. Quindi potete utilizzare lo stesso linguaggio posturale di quando richiamate il cane: braccia distese lungo il corpo, quando si rigira verso di voi.

PREMI

Lavorando nella mia scuola ho potuto constatare che alcune ricompense funzionano particolarmente bene. Alcune sono più pratiche di altre. Per esempio, le ghiottonerie che si sbriciolano facilmente non vanno bene, perché i cani che non hanno ricevuto il premio vanno in giro a cercare le briciole. Sono preferibili trippa essiccata, fegato o biscottini. Oppure potreste preparare qualcosa voi stessi, magari da utilizzare solo per l'addestramento, così avrà un significato speciale. Tenete i premi in una tasca facilmente accessibile. Se dovete aprire la borsa e frugare dentro, il cane si dimenticherà cosa ha fatto per meritare il premio.

RICETTA PER IL TORTINO DI FEGATO

INGREDIENTI

340 g di fegato fresco
340 g di farina
(anche senza glutine)
1 uovo
1-2 spicchi d'aglio schiacciati
(oppure ½/1 cucchiaino
di aglio in polvere)
Latte o acqua
per amalgamare.

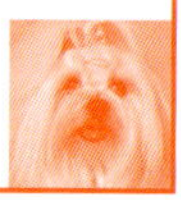

Frullare il fegato con l'uovo e l'aglio (meglio se il fegato è tagliato a pezzetti).
Aggiungete l'aglio in polvere alla farina.
Aggiungete acqua o latte per arrivare a una quantità di circa mezzo litro. Se utilizzate la farina senza glutine, dovrete aggiungerne un paio di cucchiai in più.
Aggiungete il composto di fegato alla farina e mescolate bene, fino a ottenere la consistenza dell'impasto della torta.
Versate tutto in una teglia o stampo di 22 cm circa, ben unti.
Fate cuocere in forno a 160 °C, per circa 30-40 minuti, finché non risulterà compatto al tatto.
Lasciate raffreddare per una decina di minuti.
Togliete dalla teglia e tagliate a cubetti.

INCROCI

Da non confondere con il gruppo delle razze miste (vedi p. 107), possono essere un incrocio diretto fra due razze (e possedere i tratti di ognuna delle due), oppure possono avere legami con varie razze che risalgono a diverse generazioni precedenti. Ne deriva che gli incroci sono generalmente robusti e spesso vengono utilizzati per il soccorso. Inevitabilmente, ogni cane incrociato è diverso dall'altro e potrebbe essere necessaria molta pazienza per addestrarlo. I risultati, tuttavia, sono solitamente soddisfacenti. Sebbene non siano riconosciuti dall'ENCI (Ente Nazionale della Cinofilia Italiana), molte mostre sono dedicate esclusivamente a loro.

RISOLVERE I PROBLEMI DI ADDESTRAMENTO

IL MIO CANE NON RIPORTA

Se il cane non mostra interesse nel riporto, deve imparare a giocare. E questo può richiedere molto tempo. Dovete trovare qualcosa che stimoli il suo interesse. Se si tratta di un cane da soccorso, forse sarà stato sgridato per aver raccolto qualcosa, o semplicemente non ha mai avuto l'opportunità di giocare. Provate a riempire un calzino con il suo cibo preferito, attaccandolo a una corda e incitandolo ad andargli dietro. Se lo raccoglie, lodatelo e ricompensatelo con un premio. Potrebbe essere difficile trovare qualcosa con cui ami giocare.

Osservatelo e fate caso a cosa lo attira: una palla, un vecchio guanto da giardinaggio. Utilizzate qualcosa che è semplice da raccogliere; potrebbero essere necessari molti tentativi per trovare l'oggetto che meglio si adatta a lui. Se preferisce le cose di stoffa, piuttosto che quelle di plastica, scegliete un materiale che assorbe poca saliva, altrimenti potrebbe essere infastidito dalla bocca asciutta. L'addestramento deve essere divertente.

Far finta di lanciare il giocattolo potrebbe divertirlo, invogliandolo ad andare a prenderlo.

IL MIO CANE NON RESTA ATTACCATO ALL'OGGETTO RIPORTATO

Se il cane lascia andare il giocattolo raccolto appena è davanti a voi, le cause potrebbero essere due.

Prima causa. Durante l'addestramento al riporto, avete sempre raccolto il giocattolo appena il cane lo lasciava ai vostri piedi. Poi lo avete rilanciato subito e lui ha imparato che questo è l'ordine dell'esercizio. Per fargli trattenere il giocattolo, utilizzate una palla legata a una corda. Invece di lanciarla, giocateci facendo una sorta di tira e molla. Sorridete e scherzate con lui ridendo molto. Quando è contento, ordinategli di mettersi seduto. Non lasciate il giocattolo, ma non giocate più a tirarlo. La vostra postura dovrebbe diventare eretta, in modo da fargli capire che il gioco è finito. Impartite il comando "Tieni" con tono delicato, facendo seguire immediatamente una lode. Dopo un paio di secondi, ditegli "Lascia" e prendete il giocattolo. Impartite il comando "Okay" e ricominciate a scherzare con lui con il giocattolo. Lanciatelo e, quando il cane torna da voi, allontanatevi. In tal modo lui dovrebbe avvicinarsi di più. Se non ha lasciato il giocattolo, rifate il gioco del tira e molla. Se ha lasciato andare il giocattolo, invogliatelo a raccoglierlo prendendo la corda e trascinandolo. Date il comando "Tieni" con tono allegro. Con il tempo e la pratica, il cane dovrebbe iniziare a riportare il giocattolo per giocarci con voi.

Vuole divertirsi, ma ricordate che ogni cane è diverso dall'altro: alcuni apprendono più velocemente di altri. Perseverate e allo stesso tempo cercate di divertirvi.

Seconda causa. Al cane potrebbe essere stato strappato in passato il giocattolo dalla bocca; un'esperienza poco piacevole. Temendo il ripetersi di questa circostanza, preferisce lasciar andare il giocattolo davanti a voi. Ricompensatelo con un nuovo giocattolo, preferibilmente uno morbido. Lanciatelo e, mentre il cane sta tornando, allontanatevi.

Se è un cane molto energico, lanciate il giocattolo piuttosto lontano e correte in direzione opposta per farvi inseguire da lui. Appena vi raggiunge, cercate di prendergli il giocattolo per fare il tira e molla.

Usate un tono delicato, ma fermo, e mantenete una postura eretta. Richiamatelo al piede, lodandolo quando esegue. Camminando con il cane al piede, guardatelo e ditegli che è bravo e con tono gentile date il comando "Tieni". Velocizzando il passo, sarà più difficile che lasci il giocattolo. Dopo qualche passo fermatevi. Ordinategli di sedere. Mettetevi di fronte a lui. Mettete le mani sotto al suo mento e sollevategli leggermente la testa. Lodatelo dolcemente, ripetendo a tratti: "Tieni". Con il muso leggermente sollevato gli sarà più difficile lasciare andare il giocattolo. Dopo un paio di secondi,

Questa è la posizione preferita del Collie: è all'erta e in attesa, pronto a giocare.

con tono gentile, ditegli “Lascia”, facendo con la mano il segnale di lasciare. Toglietegli il giocattolo. Lodatelo molto. Potrebbe essere necessario ripeterlo più volte, prima che vi porti direttamente il giocattolo.

RIPORTO DA POLTRONA

Ecco un esercizio utile per i giorni di pioggia. Stando seduti in poltrona, lanciategli il giocattolo. Quando lo raccoglie, usate il segnale di richiamo (p. 100). Tenete le mani riunite sul grembo, per mostrargli che volete che porti l’oggetto proprio lì. Dopo alcuni tentativi, tenete le mani riunite davanti a voi. Se lascia andare il giocattolo, non chinatevi a raccoglierlo. Battete con la mano sul vostro grembo per indicargli che deve lasciarlo lì.

IL MIO CANE NON LASCIA IL GIOCATTOLO RIPORTATO

Fatelo sedere davanti a voi. Tenete il guinzaglio vicino al collare e prendete il giocattolo con delicatezza, senza tirarlo o strattonarlo, perché così sarebbe incoraggiato a giocare.
Con decisione ordinategli "Lascia" e aspettate che lo faccia. L'attesa potrebbe essere lunga. Se dopo un po' non funziona, provate offrendogli un premio, lodandolo quando lascia il giocattolo. In alternativa, potete legarlo al guinzaglio, farlo sedere e ordinargli di stare fermo. Mettetegli davanti il suo giocattolo preferito e comandate "Lascia", sia con la voce che con le mani. Se trattiene il giocattolo, tiratelo con delicatezza indietro e ripetetegli "Lascia", finché non perderà interesse.

Il comando "Lascia", con il palmo della mano rivolto verso il cane e le dita completamente allargate.

Va fatto delicatamente, senza strappare il giocattolo al cane.

IL MIO CANE NON SI CONCENTRA SULLA LEZIONE

La maggior parte delle volte, la soluzione è di tenere dei premi speciali, che utilizzate solo per l'addestramento (vedi p. 134). Tuttavia, assicuratevi sempre di lodare il cane a sufficienza. Siete concentrati su di lui, o vi guardate intorno per vedere cosa fanno gli altri? Il cane si annoia?

Ecco un buon esempio di cane e addestratore concentrati l'uno sull'altro.

È necessario che anche voi vi concentriate.

Provate a giocare tra un esercizio e l'altro. Un altro suggerimento valido è di provare a dargli più attenzioni durante l'addestramento e meno a casa. Lodatelo tutte le volte che vi guarda: questo rafforzerà il vostro legame. Portatelo fuori e giocate da soli con lui. Allontanatevi improvvisamente da lui e ricompensatelo quando vi segue. Se vi accorgete di ottenere risultati a casa e non a scuola, chiedete al vostro istruttore di aiutarvi a capire dove state sbagliando.

Con il tempo, la pazienza e l'affetto, anche voi potrete ottenere questi risultati.

IL MIO CANE È AGGRESSIVO CON GLI ALTRI CANI

Aggressione per il predominio. Se questo tipo di comportamento compare improvvisamente da un giorno all'altro, la causa potrebbe essere ormonale: il cosiddetto periodo dell'adolescenza. Quando si mostra aggressivo verso un altro cane, siate decisi nel manifestare la vostra disapprovazione con l'espressione del volto. Ordinategli "Lascia", facendolo girare verso di voi per avere la sua attenzione.

Con una cavezza vi sentirete più sicuri, perché vi consentirà di controllare la testa, piuttosto che solo il collo.

Gli addestratori hanno un linguaggio posturale sicuro, i loro guinzagli non sono né troppo lunghi, né troppo tirati, consentendo ai cani di farsi le feste, ma sempre sotto controllo.

Quando obbedisce, ricompensatelo e mostrategli un'espressione felice. Parlategli con tono alto e allegro. Ditegli che l'altro cane è bello. È vero che non capirà cosa state dicendo, ma percepirà delle vibrazioni positive da parte vostra. Forse il vostro cane è aggressivo perché cerca di fare il virile? Si mette in mostra con le cagne? Vede come una minaccia tutti i cani maschi? Una soluzione potrebbe essere la castrazione, ma non risolverà completamente il problema dell'aggressività. (Perché la castrazione ottenga il massimo dell'efficacia, deve essere praticata prima dei 12 mesi. Va bene anche dopo, ma più il cane è giovane, meglio è). La castrazione elimina la frustrazione sessuale del cane, che spesso è causa di scontro (Vedi p. 164, per ulteriori informazioni sulla castrazione.) A casa siete il capo branco? Se non lo siete, è possibile che sia aggressivo perché cerca di proteggervi. Leggete di nuovo la sezione 3. Se continua ad azzuffarsi con gli altri cani e a mordere, potrebbe essere necessaria una museruola. Attenzione: se serve la museruola, serve anche il guinzaglio. Un collare a cavezza del tipo "Halti", vi consentirà di avere più controllo, soprattutto con un cane di taglia grande. Cercate di non tirare il guinzaglio quando vedete altri cani, altrimenti lo metterete in allerta sulla possibilità che ci siano problemi e lo innervosirete. Siate quanto più rilassati possibile, mostrandolo con il vostro linguaggio posturale.

Gli addestratori distraggono i cani e li ricompensano per il loro comportamento non aggressivo.

Aggressività nervosa.
Il cane potrebbe volersi difendere perché è stato attaccato da altri cani, o forse perché non è stato addomesticato da cucciolo. Un segno frequente di aggressività nervosa è il pelo ritto sulla schiena e le orecchie abbassate. Potrebbe sentirsi indifeso soprattutto in una stanza dove non vede vie d'uscita. Come in precedenza, dovete essere un capo branco deciso e fargli sentire che non gli accadrà niente di male. Se il vostro cane abbaia continuamente agli altri cani della scuola, allora forse è meglio interrompere le lezioni di gruppo e fare degli incontri individuali con l'istruttore. Sarà meno stressante per tutti e due. Se questo non è possibile, cercate di distrarlo giocando, magari con una palla attaccata alla corda. Questo giocattolo diventerà speciale e dovrete utilizzarlo solo per l'addestramento.

I cani colgono il comportamen disinvolto e il tono dei loro padroni e si rilassano in situazioni di incontri casuali come questa.

È importante farlo divertire dopo che ha completato un esercizio. Questo lo coinvolgerà. Se il vostro è un cane da soccorso che non sa giocare, dategli qualche premio in più.
Fate pratica a casa con oggetti diversi e insegnategli a giocare. Dategli molte ricompense quando incontrate un altro cane, in modo che se le aspetti quando ne vede uno. Spesso il cane si calma se lo fate sedere e lo guardate. Dovete tenere una postura tranquilla e sicura. Non gridate mai, usate un tono calmo. Se vi accorgete che servono molti premi per migliorare il suo comportamento nevrotico, ricordatevi di diminuirgli il cibo, per non farlo ingrassare. Il vostro cane dovrebbe trascorrere del tempo con cani del sesso opposto, che rappresentano una minaccia minore. Cercate qualcuno che abbia un cane tranquillo e socievole del sesso opposto e fategli fare delle passeggiate insieme. Deve socializzare il più possibile.

IL MIO CANE È AGGRESSIVO CON LE PERSONE

Se il cane si mostra aggressivo quando qualcuno viene verso di voi, date il comando "Lascia", tenetelo sotto controllo e fatelo sedere. Se possibile, distraetelo con un premio gradito e lodatelo se lo prende. Dovete dire alle persone di ignorarlo, non devono guardarlo né accarezzarlo. Lui acquisterà sicurezza

Questo comportamento non è accettabile. Ignorare il problema non lo eliminerà.

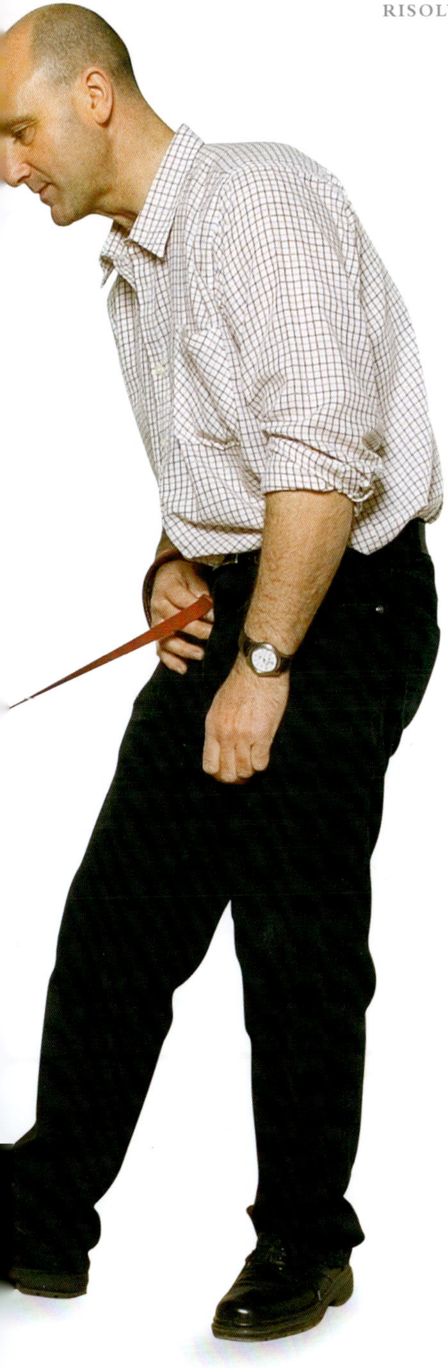

e smetterà di essere aggressivo quando capisce che le persone non rappresentano una minaccia. Curare questo problema significa guadagnare il pieno controllo: fate questo esercizio al guinzaglio in un posto pubblico. Dovete essere in sintonia con il suo linguaggio posturale, facendo attenzione a qualsiasi cambiamento che possa far capire che qualcuno si sta avvicinando. Un uomo avvisato è mezzo salvato. Quando sarà diventato più tranquillo all'avvicinarsi di estranei, una persona che conosce abbastanza bene dovrà tenere in mano un premio, senza guardare il cane. Quando lo afferra, gli altri dovranno lodarlo con garbo, ma sempre evitando il contatto visivo. Non abbiate fretta: dovete essere pazienti. Alcuni cani impiegano molto tempo per acquisire sicurezza con le persone. Alcuni "esperti" cinofili potrebbero dirvi che questo non è un buon consiglio, che per gestire un cane aggressivo bisogna chinarsi su di lui e parlargli in tono tranquillo.

Non prestate loro ascolto: chinarsi sul cane viene interpretato come un linguaggio posturale aggressivo. I cani minacciati in questo modo potrebbero saltare addosso alle persone, che reagiranno dicendovi che il vostro cane è cattivo. Tenetevi alla larga da questi "esperti", o chiedete loro di non occuparsi del vostro cane. Rischierebbero di rovinare il buon lavoro che avete fatto. Se il cane è tranquillo con gli altri cani, fate delle passeggiate con altri padroni e i loro cani, per farlo abituare anche alle persone. Il mio cane, Soni, era molto aggressivo con le persone, perché era stato picchiato e abbandonato. Aveva solo due possibilità: essere soppresso o vivere in un canile. Ora è fantastico con la gente. È servito solo un po' di tempo e pazienza. A volte, a causa di caratteristiche aggressive innate, o per la mancanza di socializzazione nei primi mesi di vita, il cane non apprende. Se pensate che il vostro cane rientri in questa categoria, consultate un etologo o uno psicologo canino. Chiedete una seconda, e magari una terza, opinione. Forse dovrete prendere una decisione difficile. Volete vivere con un cane perennemente con la museruola? Se serve veramente una museruola, sceglietela attentamente. Io preferisco quelle a gabbia, perché consente al cane di respirare aprendo la bocca, di bere e di mangiare i premi, impedendogli però di mordere. Quando mettete la museruola al cane, a volte gli altri padroni vi stanno alla larga. In queste situazioni è fondamentale mantenere un linguaggio posturale sicuro e tranquillo, soprattutto se si vuole che l'animale si abitui alle persone e agli altri cani. Non affannatevi a cercare di spiegare perché il cane porta la museruola. Avvicinatevi in modo tranquillo, tenendo sotto controllo il cane. I padroni spesso reagiscono bene se vedono che state insegnando al vostro cane a comportarsi bene.

Questo cane sta imparando che non si deve difendere dalle persone.

IL MIO CANE DÀ LA CACCIA AL BESTIAME

Se il cane dà la caccia al bestiame, non solo può spaventare gli animali, ma può mettere in pericolo se stesso, rischiando che un contadino gli spari. La soluzione migliore è un barattolo che lo distragga. È semplice da realizzare: riempite di sassolini una lattina vuota. Legate il cane e portatelo vicino al bestiame, ma non nello stesso campo. Il vostro linguaggio posturale dovrebbe essere rilassato. Quando il cane mostra troppo interesse verso gli animali, ditegli con decisione "Lascia". Mantenete una postura sicura e un'espressione severa. Se non vi ubbidisce, gettate

È preferibile fare l'addestramento con la lattina da dietro una rete.

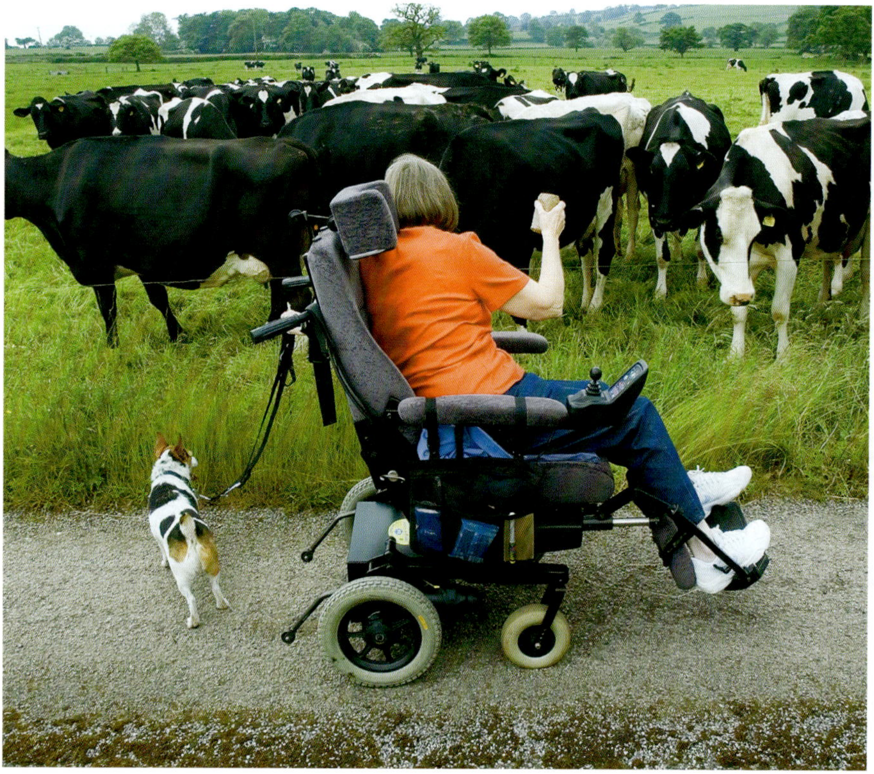

la lattina a terra, facendo più rumore possibile. Questo dovrebbe spaventarlo. Riprendete la lattina e mettetela nella tasca. Sebbene il cane sia al guinzaglio, ordinategli "Vieni" sia con il gesto, che con la voce.

Anche chi utilizza la sedia a rotelle può addestrare senza difficoltà un cane, con la postura della parte superiore del corpo e la voce. I cani si adattano più facilmente di quanto non si pensi.

La postura ora dovrebbe essere accogliente. Se non ubbidisce, date un piccolo strattone al guinzaglio. Quando verrà da voi, lodatelo molto. Usate di nuovo la lattina appena si mostra nuovamente troppo interessato al bestiame. Lodatelo quando non lo farà più.

IL MIO CANE RUBA IL CIBO DALLA SUPERFICIE DI LAVORO

Lasciate del cibo nella superficie assegnata e portate il cane al guinzaglio in cucina. Se lui si dirige verso il cibo, dite “Lascia”. Se risponde all’ordine, fatelo avvicinare ed elogiatelo. Sarà necessario più di un tentativo per risolvere il problema. Se il cane prende il cibo soltanto quando siete fuori della stanza, allora provate con questo trucco. Collocate qualche barattolo (senza bordi taglienti) su un vassoio e mettetelo in equilibrio sul bordo della superficie di lavoro. Piazzate qualche leccornia nella parte sporgente del vassoio. Quando il cane salterà per prendere il cibo, il rumore delle pentole che cadono dovrebbe essere sufficiente per dissuaderlo a rifarlo. Riprovate finché non funziona.

Un cane deve imparare che non tutto il cibo a terra è per lui.

IL MIO CANE ABBAIA COSTANTEMENTE ALLA FINESTRA

Se il vostro cane salta su una sedia per guardare fuori della finestra, dovreste spostarla per disabituarlo. Avete gridato al cane per farlo smettere di abbaiare? Se è così, lui può pensare che stiate partecipando al gioco. Mantenete un tono di voce basso e chiamatelo. Se non risponde, sbattete una lattina sul pavimento come distrazione (vedi "Dà la caccia al bestiame", pagina 156). Questo problema si verifica di solito quando un cane è privo di stimoli mentali e fisici.

Ti abbaio contro!

IL MIO CANE È VIVACE A QUALSIASI ORA

In primo luogo, controllate che il cibo che gli state dando non sia per cani pastore o da guardia, perché soltanto alcune razze canine hanno bisogno di cibo specifico. Inoltre, se gli state dando alimenti con additivi, questi possono influire su di lui. Anche il grano può influire sui cani: ho visto sparire l'aggressività in molti esemplari una volta eliminato il grano dalla loro dieta. Il vostro cane fa abbastanza esercizio? Un giorno ha 24 ore: se il cane ha soltanto due ore per camminare o giocare, davvero vi aspettate che se ne stia a riposo per le restanti 22 ore? Portatelo in giardino e lanciategli dei giocattoli. Fate qualche salto e divertitevi un po' con lui.

Giocare insieme è più divertente che da soli ed è il momento ideale per creare un legame.

Nascondete un giocattolo e guardatelo mentre lo trova. I cani amano correre per bruciare energia. Un giocattolo con dei compartimenti per il cibo lo manterrà tranquillo e impegnato mentre cerca di ottenere la sua ricompensa.

Utilizzare il naso è una cosa naturale per un cane.

Un salto semplice, ma efficace. Non mettete l'ostacolo troppo in alto, o il cane cercherà di passarci sotto anziché sopra.

IL MIO CANE ABBAIA SEMPRE IN MACCHINA

Mettete il vostro cane in macchina, sedetevi e leggete il giornale. Cercate di comunicare calma e rilassatezza con il linguaggio del corpo.
Quando si sarà calmato, riportatelo in casa. Ripetete questa operazione più volte.
Una volta che si è abituato, accendete il motore, sedetevi con tranquillità e ascoltate la radio. Ripetete di nuovo quest'operazione finché si abitua.
Il passo successivo è guidare attorno all'isolato. Basta fare un breve giro, in modo che il cane entri in macchina quando è a casa e non scenda finché non ritorna a casa, senza nessun tipo di eccitazione nel frattempo. Assicuratevi che sia legato e non possa saltare sui sedili anteriori.

Se abbaia, non sgridatelo: potrebbe pensare che stiate abbaiando anche voi. Una volta che si renderà conto che non state andando in nessun luogo speciale, dovrebbe calmarsi.
Provate a variare il percorso dell'esercizio. I cani si abituano

Correre velocemente... da nessuna parte.

presto al percorso che gli fate fare in macchina e sanno riconoscere l'odore delle aree che hanno già visitato in precedenza. Mettere la freccia può anche essere un segnale per il cane che siete arrivati a una destinazione eccitante.

Conosco cani che, quando vengono portati in macchina alla scuola di addestramento, iniziano a gridare dall'eccitazione non appena imboccano il sentiero, anche se il proprietario ha cercato di ingannarli prendendo un'altra strada.

CERCA DI ACCOPPIARSI CON TUTTO, INCLUSI I BAMBINI

Non appena mostra segno di volersi accoppiare, cercate di distrarlo con qualche giocattolo. Se questo non funziona, uno schizzo di acqua forse può raffreddare il suo ardore. Chiedetevi se fa abbastanza esercizio. Se il problema è davvero grave, potrebbe essere necessario prendere in considerazione la castrazione. Parlate con il vostro veterinario. Per questa operazione, normalmente si porta il cane dal veterinario al mattino e lo si va a prendere alla sera (ma non è sempre così). Può essere necessario che il cane indossi un collare elisabettiano per evitare che si strappi i punti, ma dopo 10 giorni dovrebbe essere in grado di riprendere una vita normale. Possono passare circa 6 settimane prima di vedere dei risultati. La castrazione elimina soltanto il desiderio sessuale del cane, ma non la sua energia. Tuttavia,

Gli esemplari "mascolini" sembrano ancora tali dopo la castrazione.

può prevenire scontri con altri cani, perché la necessità di essere il maschio dominante sparisce; inoltre, gli altri cani non lo vedono più come una minaccia. Una cagna in calore non rappresenta più un problema. Alcune persone diranno che la castrazione farà ingrassare il cane. Non è vero: c'è soltanto una cosa che fa ingrassare i cani ed è il cibo. Se il cane inizia a mettere su peso, riducete la quantità di cibo che gli date e fategli fare più esercizio. Se dopo essere stato castrato, il cane persiste ancora nel montare, la cosa potrebbe essere collegata alla gerarchia. Chiedetevi di nuovo: chi è il leader del branco?

IL MIO CANE DIVENTA MATTO QUANDO SUONA IL TELEFONO

Il suono del telefono è stimolante: ovviamente aumenta il livello di agitazione nella vostra casa e il cane lo percepisce. Provate a farvi telefonare da un amico, oppure usate il cellulare per chiamare sul fisso. Quando il telefono squilla, non reagite.

È per me?

Ignorate il comportamento del cane e non rispondete. Ripetete questa operazione a intervalli. Quando avete realmente bisogno di rispondere al telefono, ignorate il cane e camminate tranquillamente verso l'apparecchio. Il vostro linguaggio del corpo dovrà essere molto rilassato e dovrete rispondere con voce calma. Una volta che la telefonata è finita, continuate a ignorare il cane, che altrimenti potrebbe collegare la fine della chiamata con una ricompensa e diventare nervoso per farla finire prima.

Il linguaggio del corpo del padrone dice tutto in questa situazione. Il cane desiste davanti alla mancanza di attenzione verso di lui.

IL MIO CANE SCAVA BUCHE IN GIARDINO

Lasciate dei giocattoli in giardino, come bottiglie di plastica piene d'acqua (che possono distrarre i cani in modo molto efficace). Anche una palla grande e solida è divertente, ma so per esperienza il danno che un cane troppo entusiasta può causare ai vasi di piante. Se lo vedete scavare, pronunciate un chiaro "No". Chiamate il cane e ricompensatelo quando arriva. Poi distraetelo con qualche

Utilizzate una palla che il cane non possa mordere. Sarà in grado di divertirsi con una sua versione del calcio.

Come suggerito precedentemente, un cane può dare una mano nel giardino. Quando sta scavando, date l'ordine "Scava". Elogiatelo e poi date l'ordine "Lascia" ed elogiatelo di nuovo. Comunque, non aspettatevi mai un risultato perfetto.

giocattolo. Dovreste ridurre al minimo il tempo che rimane da solo in giardino. A volte questo problema può diventare un vantaggio. (Vedere la didascalia nella pagina a fianco.)

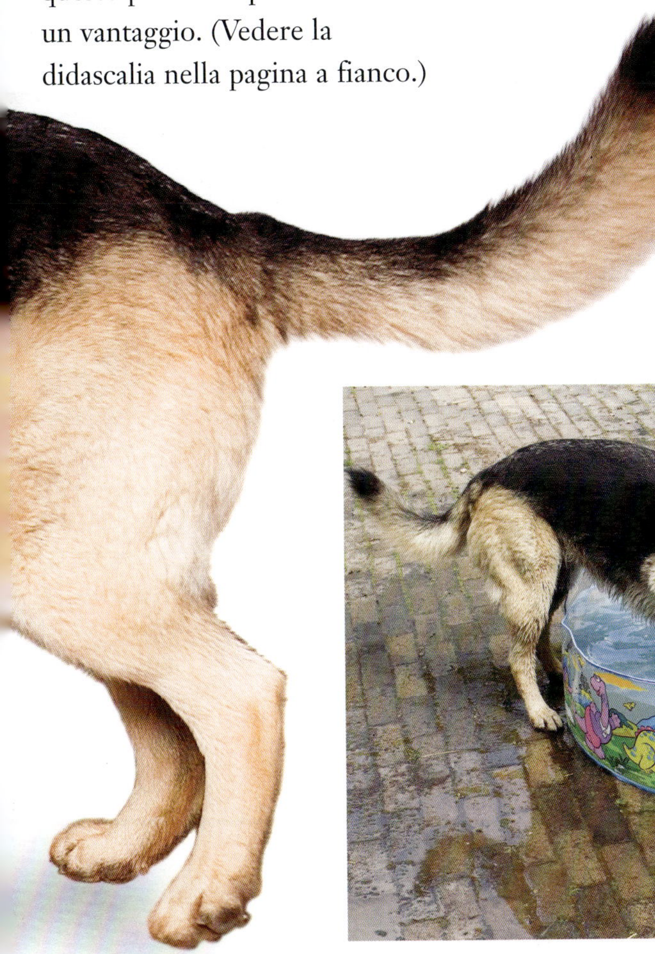

Una piscina per bambini non è soltanto per rinfrescarsi, ma è anche molto divertente. Molti cani amano saltare dentro e fuori da una piccola piscina. Almeno così fanno esercizio, invece di oziare.

DOVREI FAR STERILIZZARE LA MIA CAGNETTA?

Le cagne entrano in calore in media ogni sei mesi. Durante questo periodo possono subire frustrazione e una sensazione generale di malessere. Di fatto, questi sono sintomi da sindrome premestruale. Se volete che abbia una cucciolata, dovete prima chiedervi il perché. Forse perché volete uno dei suoi cuccioli? Che succede se ne nascono 12? Un padrone responsabile dovrebbe essere in grado di dire a ogni persona che prende uno dei cuccioli

I cani di razza come questi Setter Gordon non sono sterilizzati. Un buon cane di razza avrà sicuramente una lista d'attesa di persone che vogliono i suoi cuccioli.

che se li riprenderà indietro se ci sono dei problemi. Come vi sentireste se uno dei cuccioli del vostro cane finisse in un canile? La mamma smetterà di occuparsi dei suoi cuccioli dopo circa sei settimane. Riuscirete davvero a garantire che troverete una buona casa per tutti loro? I canili sono pieni di cani non desiderati, quindi riflettete molto attentamente. Avere cuccioli non renderà la vostra cagna migliore. La sterilizzazione normalmente comporta soltanto un giorno dal veterinario. Dopo dieci giorni i punti possono essere rimossi, poi avrà bisogno di qualche settimana di esercizio leggero prima di ritornare alla normalità. Alcune persone pensano che la sterilizzazione sia crudele, ma io non credo che sia davvero così. I pochi disagi dell'operazione saranno presto dimenticati e, una volta che la cagna è stata sterilizzata, molti problemi saranno risolti per sempre: niente più frustrazione, niente più disordine e niente più cani che gironzolano intorno al giardino durante le tre settimane in cui è in calore.

IN MOVIMENTO

IN AUTO

Il modo migliore per far viaggiare il cane è in una gabbia, o dietro una rete divisoria, comunque mai sul sedile anteriore o libero all'interno della macchina.
Se si opta per una gabbia, ricordatevi di prenderne una con più di una porta.
In questo modo, in caso di incidente, se una delle porte si blocca, è comunque possibile far uscire il cane dall'altra.
È difficile scegliere una gabbia che si adatti alla propria macchina e al proprio cane. È necessario che sia sufficientemente alta (e larga) per consentire al cane di alzarsi, girare intorno e sdraiarsi comodamente.
La maggior parte delle buone gabbie ha un ingresso laterale e un altro frontale. Se decidete di installare una rete divisoria, assicuratevi che sia facilmente rimovibile in caso di incidente.
Una protezione anteriore e posteriore darà un ulteriore controllo quando si fa scendere il cane dalla macchina: così si impedisce al cane di saltare fuori

I cani possono sentirsi al sicuro nel loro canile portatile. Se si ha più di un cane in famiglia, una gabbia per ognuno di loro gli fornisce un territorio individuale.

subito dal retro appena si apre la porta. La rete di protezione è utile anche se si deve lasciare il cane in macchina per qualche tempo: si può mettere un lucchetto sulla rete e lasciare la portiera posteriore aperta per far entrare aria fresca. Se dovete lasciare il cane in macchina assicuratevi, che sia al sicuro e chiuso a chiave. Un viaggio

BORSA DI VIAGGIO PER IL CANE

Nella mia auto, io ho sempre una scatola o una borsa con le seguenti cose:

- Acqua.
- Ciotola.
- Asciugamano.
- Kit di pronto soccorso.
- Guinzaglio, collare di ricambio con targhetta.
- Giocattoli.
- Qualche delizia.
- Un picchetto per legare il cane in caso di emergenza, o per luoghi dove non può correre liberamente.
- Una catena da usare con il picchetto: se è davvero frustrato, potrebbe masticare il cuoio o le cinghie del guinzaglio.
- Sacchetti di plastica per raccogliere gli escrementi.
- Rotolo di carta e disinfettante.

Una volta confezionato, questo kit occupa poco spazio ed è incredibile quanto possa diventare utile, o addirittura essenziale, questa borsa.

al supermercato non è molto divertente per il cane: c'è davvero bisogno di portarlo con voi? Se non volete comprare una gabbia o una rete divisoria, una imbracatura per cani terrà il vostro cane fisicamente bloccato e al sicuro mentre guidate. Assicuratevi che si adatti bene e sia comoda (vedere p. 19). Inoltre è possibile comprare delle aperture speciali per i finestrini che permettano l'entrata d'aria, evitando allo stesso tempo che il cane sporga il naso fuori dall'auto. Sono ragionevolmente economici e facili da installare. Non lasciate che il vostro cane si sporga con la testa fuori dal finestrino: potrebbe sviluppare problemi all'orecchio, oppure essere colpito da un'altra macchina che passa. Oggi sono anche disponibili delle ciotole che non spandono, perfette per viaggiare.

LE VACANZE

Se portate il cane con voi in vacanza, allora la preparazione è essenziale. Se andate all'estero, assicuratevi di controllare le normative: molti paesi oggi richiedono che il cane abbia un passaporto, sia stato vaccinato, sia identificabile mediante un microchip e sia stato sverminato. Le domande per il passaporto possono richiedere fino a sei mesi, quindi è necessario andare dal veterinario in tempo utile per le vaccinazioni necessarie. Il vostro veterinario vi spiegherà tutti i requisiti. Preparate una targhetta per cani con il vostro indirizzo delle vacanze e un numero di cellulare. Prima di partire,

cercate il veterinario più vicino al luogo dove andrete e portate con voi il suo numero di telefono. Una gabbia pieghevole è utile se si alloggia in un albergo: è sempre meglio che tornare in stanza dopo cena e scoprire che il cane ha distrutto tutto. Se avete una borsa da viaggio per il cane già pronta in macchina (vedere p. 173), basta aggiungere un paio di asciugamani in più, la sua biancheria da letto e un vecchio lenzuolo per coprire un eventuale tappeto se lui vuole sdraiarsi quando è bagnato. Prendete anche un guinzaglio lungo, nel caso non sia possibile lasciarlo libero. In alcune località, i cani non possono andare in spiaggia, verificate questo punto prima di partire. Se volete mangiare in un posto che non accetta cani, parcheggiate la macchina in un luogo ombreggiato e lasciate il cane in macchina con la portiera posteriore aperta. Se avete una gabbia o una rete divisoria, ricordate di chiuderle bene e assicuratevi che vi sia dell'acqua fresca per bere. Io non lascio mai il mio cane dove non posso vederlo e spesso parcheggio sul bordo della strada dove ci sono cani attaccati ai loro picchetti se fa troppo caldo per restare in macchina. Le auto sotto il sole raggiungono in pochi minuti temperature insopportabili per un cane. Fate attenzione a questo aspetto, anche quando la temperatura dell'aria è fredda. Prendete anche in considerazione l'idea di comprare un parasole da auto o di usare un lenzuolo.

Se portate con voi in vacanza due cani, effettuate prima delle ricerche, perché alcuni alberghi ammettono soltanto un cane a stanza.

Comprate una catena o una corda flessibile di metallo per legarlo al picchetto.

Anche i camper si riscaldano molto, perciò conviene assicurarsi che ci sia un'abbondante ventilazione e, ovviamente, dell'acqua. Se il cane ha troppo caldo (sarà ovvio dal suo ansimare), impregnate d'acqua un asciugamano e stendeteglielo sulla schiena. Non metteteglielo sul muso, perché un cane ha bisogno di aprire la bocca completamente per respirare.

PENSIONI PER CANI

Se non potete portare il cane con voi, la migliore opzione per trovare un canile adatto è il passaparola. Fissate un appuntamento e andate a vederlo coi vostri occhi: non andateci senza preavviso, perché le continue distrazioni portano via molto tempo al personale del canile. I canili rispettabili sono puliti e hanno cura dei cani. Io preferisco i canili che hanno aree sicure per fare esercizio, con una recinzione alta. Chiedete quali misure di sicurezza vengono adottate; di fatto, chiedete qualunque cosa vi venga in mente. Daranno al vostro cane il cibo che mangia di solito? Quante volte al giorno potrà correre? Chi è il loro veterinario? Dovrete vaccinare il cane contro la tosse dei canili? (Informatevi anche presso il vostro veterinario.) Hanno periodi specifici in cui potete portare il cane? Quanti cani possono ospitare contemporaneamente? Quanto personale hanno? Insospettitevi davanti a risposte vaghe o incomplete: i proprietari di un buon canile hanno sempre tutte queste informazioni pronte. Non vi godrete le vacanze, se sarete preoccupati per il vostro cane. Se possibile, prima di andare via lasciatelo per una notte di prova. Se non volete lasciare il vostro cane in un canile, un "house sitter" è un'altra opzione. Potete pagare un amico che conosce il cane. Oppure cercate un "dog sitter", ma controllate prima le sue referenze. Quest'opzione è relativamente costosa, ma ha un vantaggio: la routine del cane rimarrà inalterata. Se il vostro cane frequenta una scuola di addestramento, prima di partire portate l'"house sitter" lì per un allenamento, in modo che lui capisca di cosa si tratta.

LA PRIMA VISITA DAL VETERINARIO

Prendete qualche bocconcino. Non si dovrebbe lasciare che un cucciolo abbia paura del veterinario. Comportatevi con sicurezza: così la trasmetterete anche al cucciolo. Il veterinario lo colmerà di attenzioni mentre fa i controlli, ma anche voi dovrete concentrarvi sul cucciolo. Il veterinario probabilmente vorrà mettere il cane su un tavolo. Fate pratica in questo senso a casa, su un tavolo dove non si scivoli. Quando il veterinario lo vaccinerà, distraete il cucciolo con qualche ricompensa. Assicuratevi che il veterinario timbri la scheda delle vaccinazioni e conservatela con cura (sarà necessaria per la scuola di addestramento o per portare il cane in un canile). Ricordate che le vaccinazioni devono essere aggiornate annualmente. La sverminazione e il trattamento antipulci devono ripetersi ogni tre mesi. È meglio farli fare sempre dal proprio veterinario: i trattamenti in vendita presso i negozi di animali di solito non sono pienamente efficaci, inoltre il vostro veterinario saprà quali sono i più adatti per la razza del vostro cane.

: indispensabile ortare premi giocattoli durante : prime visite al veterinario.

TROVARE LA GIUSTA SCUOLA DI ADDESTRAMENTO

NOZIONI DI BASE

Non fate mai l'iscrizione a una scuola di addestramento che non chieda prima il certificato aggiornato delle vaccinazioni del cane. Se una scuola ha un atteggiamento rilassato su questo, probabilmente trascurerà altri aspetti del proprio lavoro. Inoltre, nella scuola di addestramento il cane entrerà in contatto con altri cani e, aldilà dell'intesa con i loro padroni, voi non sapete dove possano essere stati quei cani. Per trovare una buona scuola, il passaparola è sempre indicato. Va bene anche cercare su internet e sfogliare gli annunci nei giornali locali, ma se trovate una scuola che vi sembra buona, cercate qualcuno che l'abbia già utilizzata e chiedete loro della propria esperienza. Vale veramente la pena prendersi il disturbo. Una volta che avrete

Fin dalla più giovane età, anche in una classe piena d'altri cani e istruttori, il tuo cucciolo vi riconoscerà.

circoscritto la ricerca, chiedete alla scuola se potete passare a vedere i loro metodi di addestramento. Date un'occhiata al pavimento. Alcune scuole di addestramento per cani hanno pavimenti scivolosi. Sebbene questo possa sembrare un particolare di poco conto, potrebbe essere davvero sgradevole per un cane. Fate le seguenti domande: i loro cani sono presenti durante l'addestramento? Se è così, riescono davvero a concentrarsi sul vostro cane? Come insegnano la disciplina ai cani? Se usano severe punizioni fisiche oppure sgridano i cani, cambiate scuola. L'addestramento non è un lavoro fastidioso. Dovrebbe essere divertente, un momento di condivisione per voi e il vostro cane e per divertirvi imparando insieme: nessuno vuole che

il proprio cane rimanga traumatizzato. Come hanno acquisito gli addestratori le loro competenze? Alcuni "esperti di cani", come si autodefiniscono, non hanno fatto nient'altro che un corso per corrispondenza. Forse hanno addestrato soltanto il proprio cane, ma vogliono comunque farsi pagare una cospicua somma di denaro per i propri servizi. Se ottenete risposte schive, ripetete le domande fin quando non sarete soddisfatti.
Un addestratore, o un "esperto", dovrebbe essere competente sulle razze canine e sulle loro caratteristiche specifiche, e trovarsi a suo agio rispondendo a qualunque domanda possiate fare.

Preparate il vostro cucciolo all'età adulta, fornendogli un'educazione stimolante con attività variate. Siate sempre coerenti con i vostri comandi.

CONTROLLATE I SUOI PROGRESSI

La scuola di addestramento probabilmente avrà il vostro cane per un'ora a settimana. Se il cane si comporta bene in classe, ma non a casa, allora mettetelo ben in chiaro con gli addestratori. Se non siete soddisfatti dei suoi progressi, comunicatelo subito. In questo modo, ci sono più possibilità di correggere questa situazione mediante un'azione immediata.

L'ETÀ MIGLIORE PER INIZIARE

Portate il cucciolo a lezioni di socializzazione non appena è stato vaccinato. Se avete preso un cane da salvataggio iniziate quando avete intenzione di farlo continuare. Prenotate una lezione preferibilmente entro un paio di settimane. Voi e il vostro cane imparerete a leggervi a vicenda il linguaggio del corpo, e l'addestramento velocizzerà questo processo. Le lezioni con i cuccioli sono divertenti, anche se qualche volta comportano un duro lavoro: gli altri cuccioli possono provocare molte distrazioni. Alcuni pensano di essere a una festa, piuttosto che in una scuola. Ma l'integrazione sociale acquisita in questo ambiente è inestimabile.

Interagire con altri padroni e coi loro cuccioli nella scuola di addestramento può aiutare ad avere dei cani adulti integrati socialmente.

IL MIO CANE RIUSCIRÀ NEGLI ESERCIZI DI AGILITY?

Saltare, correre attraverso i tunnel e arrampicarsi è un gran divertimento sia per i cani che per i loro padroni. Tutte le razze possono divertirsi con questa attività, purché il cane sia in forma, ben controllato e abbia superato almeno un addestramento base di obbedienza. Quanto più addestramento di obbedienza è stato fatto, quanto più stretto è il legame che c'è tra voi e il vostro cane, tanto più facili saranno gli esercizi di agility. L'agility si fa senza guinzaglio, quindi vorrete che il vostro cane presti attenzione soltanto a voi e non corra dietro agli altri cani. Il linguaggio del corpo è estremamente importante in questo caso: il cane vi guarderà costantemente per capire dove deve andare e sarà il vostro linguaggio del corpo a mostrarglielo. Da qualunque parte siate girati, il cane crederà che quella sia la direzione da seguire. Non è difficile guidarlo con un po' di pratica. Gli esercizi di agility possono essere fatti per divertimento oppure come gara, ed è successo varie volte che un addestratore abbia iniziato senza nessuna intenzione di partecipare a una competizione, ma che poi si sia divertito così tanto da trasformare le gare in un vero e proprio hobby.

Il tunnel è uno degli ostacoli preferiti dai cani.

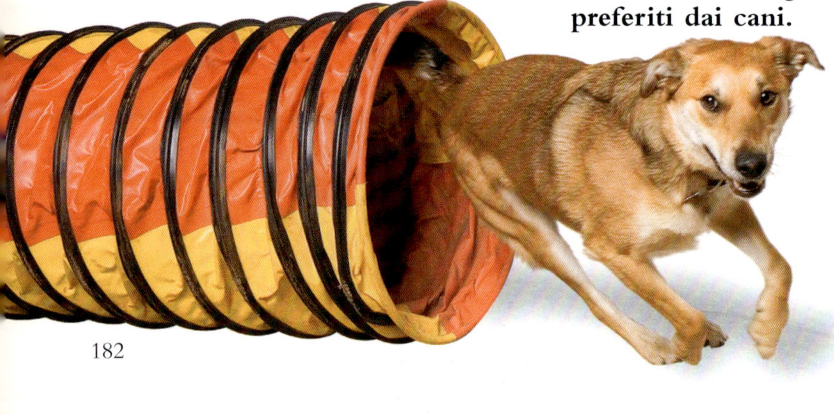

Palizzata. L'Agility si svolge di solito all'aria aperta, quindi siate pronti ad allenare con qualunque condizione climatica.

Gli esercizi di agility aiutano a bruciare energia e funzionano a meraviglia per i cani di salvataggio.

I cani piccoli si divertono con l'Agility tanto quanto adorano sedersi in braccio.

FLYBALL

Questa attività copre tutte le fasi più importanti dell'addestramento: è veloce, sfrenata e divertente. Il cane deve saltare quattro piccoli ostacoli, correre verso una macchina lancia palle (Flyball Box) e azionare il controllo. La palla vola in aria, il cane la prende e torna indietro di corsa saltando gli ostacoli. È uno sport di squadra e crea molta esaltazione, soprattutto quando le squadre competono tra loro. È rumoroso e dominato principalmente dai Collie per la loro velocità e resistenza. Altre razze possono anche essere brave nel "Flyball", ma è ovviamente un gioco per cani veloci. L'addestratore deve soltanto rimanere a guardare mentre il cane fa il percorso.

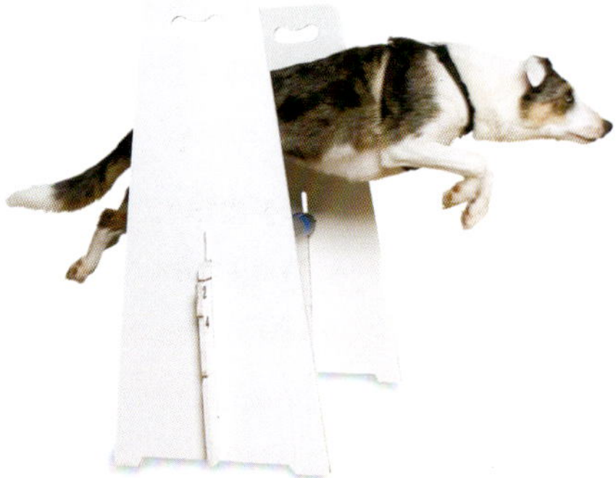

Gli ostacoli del Flyball sono stati disegnati in modo che il vostro cane possa superarli in velocità e facilmente.

Il cane salta sulla macchina per lanciare la palla.

Il percorso di ritorno va compiuto con la palla nella bocca del cane.

Ha bisogno di abilità e concentrazione per essere preciso.

CONDOTTA CON LA MUSICA

Questa disciplina sta diventando sempre più popolare, e qualsiasi cane e padrone possono farla. Essenzialmente consiste nel realizzare tutti i trucchi ed esercizi insegnati al cane sotto forma di danza. Premi e giocattoli devono essere usati in continuazione per motivare il cane. Oggi esistono gare a livello mondiali di freestyle o “heel work to music”, con diverse varianti, tanto di musica quanto di stile.

I cani piccoli spesso si distinguono in questa disciplina.

SCUOLE DI ADDESTRAMENTO SPECIALISTICHE

Per trovare una scuola di addestramento specializzata in discipline quali obbedienza, agility o flyball, basta seguire le stesse procedure indicate a pagina 178. Ancora una volta, il passaparola è la migliore opzione; talvolta anche il veterinario ha una lista a riguardo. È sempre bene essere i benvenuti nella scuola di addestramento. I padroni di cani sono forse le persone più amichevoli: dopotutto, avete un interesse comune.

Guardate come il cane reagisce ai movimenti dell’istruttore, mentre si muove con naturalezza al ritmo della musica.

COME POSSO FAR COMPARIRE IL MIO CANE IN TV?

Oltre alla scuola di addestramento per cani, gestisco anche un'azienda gemella che fornisce cani per cinema, televisione e pubblicità. Ricevo molte richieste di gente che vorrebbe che il proprio cane diventasse una star del cinema. Di solito, mi dicono che il loro cane è stupendo e che si comporta bene... la maggior parte delle volte. Questo è molto bello, ma purtroppo non è ciò che ho bisogno di sentire. Per avere qualche possibilità nel mondo dei media, il cane deve avere un ottimo temperamento e sapersi comportare perfettamente per lungo tempo. A un cane che non si ferma o non risponde immediatamente a un ordine viene semplicemente chiesto di lasciare il set. In studio, il tempo è denaro e le aspettative sono alte. Il cane deve abituarsi al rumore, a decine di persone e a essere gestito da estranei. Si può simulare uno studio televisivo portando il cane in un negozio di parrucchieri e fare un po' di addestramento lì. Il luogo è rumoroso, con cavi sul pavimento e luci brillanti. Di fatto, e non sto scherzando, alcuni parrucchieri saranno contenti di accettarvi se glielo chiedete nel modo giusto. Segnali con le mani ed espressioni facciali chiare diventano non soltanto una buona idea, ma una necessità. Non si può dire "Fermo" al cane mentre l'attore sta recitando la sua parte. Qualsiasi tipo di cane può potenzialmente ottenere il lavoro e l'aspetto non è tutto. Molto dipende interamente dalle esigenze del regista. Ci sono lunghe ore di lavoro e ancor più lunghi tempi di attesa. Non è un lavoro da copertina e può essere molto faticoso, ma i cani si divertono, sono ben curati e hanno abbondanti occasioni di gioco e di riposo – di gran lunga più che gli addestratori. Spesso la giornata inizia presto dopo un lungo viaggio e si conclude a tarda sera. L'ora e la data sono spesso cambiate all'ultimo minuto: dovrete essere flessibili. Vi capiterà di restare fuori per 16 ore e di vedere il vostro cane sullo schermo soltanto per 2 secondi: ma è molto gratificante anche soltanto riuscire a fare questo, ed è bello vedere il proprio cane in tv o in un catalogo. Personalmente questi risultati mi fanno sentire orgogliosa. Il vostro primo passo dovrebbe essere guardare su Internet o in un elenco di agenti di animali. Inviate loro delle

Il primo provino.

fotografie del vostro cane e non disperate se non ricevete risposta: è un mondo altamente competitivo. Ma potreste essere fortunati, perciò vale la pena di assicurarsi che le foto inviate siano le migliori. Scegliete una foto della testa e un'altra del corpo intero, anche se il cane sta giocando con un giocattolo va bene. Utilizzate uno sfondo semplice e non apparite nella fotografia, non importa quanto siete carini. Nulla deve distogliere l'attenzione dal vostro cane. Le fotografie prese in un campo di solito hanno successo: l'erba verde mette in evidenza il cane, qualunque sia il suo colore.

IL PRIMO RUOLO DI VINNIE

La mia prima volta nell'industria televisiva e cinematografica si concretizzò tramite un'agenzia. Mi fu chiesto di sostituire un Labrador nero per una serie TV, e il cane più adatto che avevo era un adorabile cane chiamato Vinnie. Avevo cercato così tanto questo mio primo lavoro in TV che il fatto di dovermi alzare alle 4 di mattina non mi disturbava. Dopo un paio d'ore di strada arrivammo alla location.
Io cercavo di sembrare distaccata, di non sembrare troppo una fan impressionata dalle star. Tutto quello che il cane doveva fare era guardare la porta e abbaiare mentre l'attore gli andava incontro. Il regista permise addirittura che si usasse il nome Vinnie. L'ordine doveva essere un segnale e l'unico luogo dove potevo stare senza apparire nel piano era in un'aiuola. Dovevo abbassarmi e fare un segnale con la mano a Vinnie, quando il regista ne faceva uno a me. Fortunatamente, Vinnie fu brillante e dopo circa sei prove già sapeva quando doveva abbaiare anche senza il segnale. D'altra parte, io avevo i crampi e avevo perso la sensibilità in entrambe le gambe. Ero sorpresa di quante volte ripetevano le scene, e da quante diverse

angolazioni, ma Vinnie aveva impressionato talmente il regista da chiederci di restare e fare un'altra scena più tardi quella sera. Vinnie si divertì molto: tutto il personale le diede da mangiare e poté giocare molto. Tornai a casa all'1:30 di notte, ma fui favorevolmente incuriosita e volli saperne di più sull'industria della tv e del cinema. La soddisfazione di vedere Vinnie sullo schermo, anche soltanto per un minuto, fece sì che ne fosse valsa la pena.

LE SOAP

In seguito a questo episodio, ho fornito cani per molti altri spettacoli televisivi e film, il che mi ha portato ad aprire una mia agenzia. Il primo contratto fu per un'importante fiction televisiva e il cane che ho fornito è stata Ebony, un Boxer. L'attore protagonista fu magnifico con Ebony e tra di loro si stabilì uno stretto legame, che era un piacere da guardare sullo schermo. Ebony era l'ideale per il lavoro, e divenne nota come il "cane da un'unica ripresa". Ogni tanto mi chiedevo se il suo padrone e io fossimo necessari. Tutto il cast e la troupe la adoravano, e addirittura ci permettevano di rimanere dietro le quinte. In una delle scene, Ebony doveva essere portata in braccio da un attore e stesa su un tavolo. Lei doveva sdraiarsi con calma mentre l'attore recitava la sua parte. Io ero in piedi proprio dietro al regista, pronta a dare una mano nel caso servisse. Ebony entrò, arrivò e si sdraiò sul tavolo; io feci il segnale di "Fermo" con la mano e restai a guardare. Silenzio. Come di consueto, Ebony fu obbediente al cento per cento. Poi, quando il dialogo tra gli attori cominciò, Ebony fece una puzzetta molto rumorosa. Tutti scoppiarono a ridere, tranne l'unico attore che era sulla linea di tiro. Il regista urlò "Taglia!",

la troupe mandò via l'odore sventolando dei fogli di carta e il regista urlò "Azione". Ebony non aveva mosso un muscolo e perciò fu sommersa dagli applausi. Fu veramente triste il giorno in cui cancellarono la serie. Il cast e la troupe erano diventati una famiglia, ma sono stata fortunata e ho potuto lavorare ancora con alcuni di loro.

I Bassotti sono famosi per interpretare ruoli in fiction televisive, commedie e nella pubblicità, per le loro adorabili orecchie lunghe e l'espressione tra il comico e il triste.

1/QUELLO CHE DICE LA GENTE

CITAZIONI MEMORABILI DALLA MIA SCUOLA DI ADDESTRAMENTO

"A casa lo fa correttamente."

Addestrate il vostro cane ovunque vi troviate, non soltanto in casa. In questo modo si comporterà bene anche a scuola.

"Non lo lodo, perché si eccita troppo."

Il cane deve imparare che se supera il limite non ci sono più gratificazioni. Lodatelo con calma.

"L'ho portato fuori prima di venire, non capisco da dove venga tutta quella roba."

Assicuratevi che il vostro cane abbia avuto il tempo per fare i suoi bisogni prima di andare alla scuola di addestramento.

"Tranquillo, non morde."

Se non siete dei capibranco, il cane può sentire di dovervi proteggere. Assicuratevi di avere il pieno controllo del cane in ogni momento.

"Vuole solo giocare. Non morderà il tuo cane."

Fate attenzione: due cani giovani possono sentire la necessità di dominarsi l'un l'altro.

"È distratto dagli altri cani."

Fuori all'esterno, ci sono molte distrazioni. Vedere le pagine 144-145 per capire come risolvere questo problema.

2/QUELLO CHE DICE LA GENTE

CITAZIONI MEMORABILI DALLA MIA SCUOLA DI ADDESTRAMENTO

"Non gli piace stare sdraiato."

Può soltanto non voler apparire sottomesso in una stanza piena di cani.

"Sa dare la zampa."

Questo non va bene se lui vi graffia le gambe.

"Scusa, non ti sento perché il mio cane sta abbaiando."

Usate del cibo o un giocattolo per distogliere la sua attenzione.

"Che ne dici di sederti adesso? Seduto. Seduto. Seduto. Seduto. Oh, fai come vuoi."

È il linguaggio del corpo del padrone a essere sbagliato. **Vedere le pagine 56-57.**

"Sono sicuro che mi metterà in imbarazzo."

Non c'è nulla che il vostro cane possa fare che un addestratore non abbia già visto prima.

"Non ha mai fatto così prima, ma lui è un goloso."

Il padrone non si rende conto che il suo cane sta prendendo del cibo dalla persona accanto. L'addestramento dovrebbe educarlo a non comportarsi in questo modo, quindi controllate in ogni momento cosa stia facendo il vostro cane.

RACCONTI DA UNA SCUOLA DI ADDESTRAMENTO PER CANI

Storie per quando non state addestrando il vostro cane

MOLLY E BEN

Alcuni anni fa, prima di avere un edificio specifico per la mia scuola di addestramento, mi trovai a dover affittare diverse sedi. Una di queste era un maneggio praticamente a pezzi. C'erano buchi aperti nel tetto, piccioni nelle travi e topi che scorrazzavano in giro. I proprietari dei cavalli venivano a gettare gli escrementi dei propri animali. Visto che l'edificio era ampio, i cani potevano fare esercizi di salto e imparare a camminare in quattro file: era un esercizio difficile e molti cani potevano divertirsi anche solo correndo lungo la grande arena senza dover fare i salti. Un giorno capitò lì un perfetto gentleman con un incrocio di cane da corsa chiamato Molly. Lui lo chiamerò Ben. Con disappunto di Ben, quando Molly tentò i salti per la prima volta riuscì a farne soltanto tre, ma evitò il quarto. Tuttavia, era stata una buona prova rispetto ai tentativi degli altri. Molly non era stata l'unica: quasi tutti i cani avevamo evitato l'ultimo ostacolo. Poi arrivò di nuovo il turno di Molly. A differenza di altri padroni, i quali fanno sedere il cane, poi danno l'ordine e quindi aspettano di vedere cosa succede, Ben fece sedere Molly, poi si chinò su di lei e le spiegò accuratamente che cosa dovesse fare, passo per passo: "Molly, ora devi andare e saltare il primo ostacolo; poi correre fino a quello successivo e saltarlo; poi fino al terzo e saltarlo. E non girare attorno all'ultimo come hanno fatto gli altri. Vai e lo salti, poi torni e ti sdrai. Fai la brava ragazza, Molly". Ben aveva un difetto di pronuncia, quindi era davvero difficile per noi capirlo – figuriamoci per il cane. Eravamo convinti che Molly si sarebbe dimenticata cosa doveva fare quando fosse arrivato il suo turno. Quando toccò a Molly, Ben si alzò, slacciò il guinzaglio ed emise solo una sorta di grugnito. Molly scattò, fece tutti i salti perfettamente e poi si mise nella posizione di "Terra" e guardò Ben.

Lui era entusiasta, saltava su e giù urlando "Ce l'ha fatta,

Alcune cagne diventano suscettibili quando sono in calore e litigano con le altre. Questo può portare a gravi scontri.

ce l'ha fatta, brava ragazza". Ho imparato tanto da Ben. Lui aveva un legame fantastico con la sua cagnetta, e lei si era adattata a quel suo modo strano di parlare e lo capiva come nessuno altro avrebbe potuto. Ben lavorò con Molly in questo modo durante tutte le nostre lezioni, e i due finirono nella classe più importante e nella squadra di esibizione. Ogni volta che Molly riusciva in qualcosa, lo sapevamo tutti, perché lui saltava su e giù urlando. La relazione tra Ben e Molly ci faceva venire spesso le lacrime agli occhi.

Osservare il legame tra padrone e cane è semp qualcosa di speciale. In questo casc entrambi dimostrano che il loro linguaggio del corpo è sincronizzat un esempio di vero lavoro di squadra.

JIMBOB, LO SPRINGER SPANIEL

Tutte le razze hanno le loro particolarità. Anche quando i cani sono completamente addomesticati, l'istinto naturale della razza viene fuori spesso. Per esempio: i Border Collie hanno bisogno di raggruppare le persone e gli animali; i Rottweiler fanno la guardia al branco; gli Springer Spaniel usano i loro nasi, il che mi porta al seguente racconto.

Dopo aver completato diversi corsi di obbedienza, i padroni e i cani della mia scuola fanno un test: superarlo significa essere ricompensati con un certificato e partecipare all'esibizione annuale. Una signora con uno Springer chiamato Jimbob aveva lavorato molto duramente, facendo più corsi rispetto a quelli che si fanno di solito prima di decidere di essere pronti per il test. Jimbob era un giovane spensierato, con una coda di rara bellezza, e aveva lavorato in modo eccezionale per settimane, ma il giorno del test la sua padrona era nervosa.

Eravamo all'esterno, in un grande prato, e lei era preoccupata perché lui poteva distrarsi.

La disciplina della "Condotta del cane al piede", con e senza guinzaglio, era andata molto bene e avevano perso un solo punto perché Jimbob si era seduto storto. Era stato perfetto all'ordine di "Fermo" e aveva fatto un buon richiamo. Aveva addirittura ignorato un uccello in lontananza mentre faceva il suo "Riporta". L'esercizio finale era quello del "A distanza". Questa disciplina consiste nell'inviare il cane lontano dal padrone in linea retta e poi farlo sdraiare all'ordine "Terra". Non è facile. Tutti erano preoccupati per questo esercizio e molti dei cani si erano allontanati solo per una breve distanza. La padrona di Jimbob mi aveva detto che questo esercizio era la cosa che più la preoccupava. Durante la prova della sera prima, si era rifiutato di sdraiarsi in lontananza. Mentre Jimbob si allineava, il silenzio era assoluto. "Via", ordinò lei, e Jimbob iniziò a correre in linea retta. Sembrava perfetto. Soltanto un altro cane aveva completato l'esercizio correttamente andando così lontano. Ma proprio quando aveva raggiunto il luogo dove avrebbe dovuto sdraiarsi, improvvisamente svoltò a sinistra. Non aveva nessuna intenzione di rallentare, continuava

I nasi degli Spaniel sono perfetti per sentire gli odori. Perciò sono abitualmente usati come cani anti-droga.

semplicemente a correre.
La sua padrona urlava "Terra", "Fermo", "Torna" e "Jimbob", ma senza risultato. Lo osservammo sparire attraverso il prato, scendere verso la riva, attraversare il fiume e, con il cuore in gola, lo vedemmo andare verso un deposito di liquame. Andava davvero veloce con la coda che scodinzolava senza sosta.
La sua padrona partì subito all'inseguimento. Tornarono mezz'ora dopo. Jimbob non era più uno Springer adorabile di colore marrone-biancastro e con un pelo luminoso come la seta, ma era diventato un mucchio di letame ambulante. La sua lingua era a terra, ma alla vista dei suoi amici non smetteva di scodinzolare. Quando la padrona si riprese abbastanza da poter parlare, spiegò che il cane si era tuffato in una piscina di liquame, ma che quando era arrivata lei, era risalito e le si era seduto di fronte perfettamente diritto. Lo guardò dall'alto in

basso, dimenticandosi di tutti, e disse: "Va bene, Jimbob, oggi ti sei proprio divertito". Poi, si rivolse al giudice e disse: "Suppongo che abbia fallito". Qualche mese più tardi Jimbob superò il test a pieni voti, ma questa volta l'esame ebbe luogo in un campo da tennis al coperto.

LUGER

Il mio defunto Pastore Tedesco, Luger, era una star alle raccolte fondi dove si esibiva. Riusciva a inseguire il "criminale", fermarlo afferrandogli il braccio con la bocca, rilasciarlo al mio ordine e bloccarlo con il suo abbaiare. Allora io correvo verso di loro, attaccavo il cane al guinzaglio e portavo il criminale legato fuori dall'arena, mentre la folla applaudiva. Funzionava sempre. Luger amava questa routine e la vedeva come un gioco. Si eccitava molto e il suo morso al braccio (coperto per precauzione da uno spesso manicotto di pelle) poteva essere senza dubbio molto saldo. Il "criminale" era uno dei nostri addestratori, che aveva un ottimo rapporto con Luger finché non indossava il passamontagna e iniziava a correre. Una volta mi accorsi che l'addestratore aveva indossato il manicotto sul braccio sbagliato. Richiamai Luger, che si fermò docilmente e si abbassò al segnale di "Terra". Si potevano sentire le risate del pubblico e vedere l'imbarazzo sul volto dell'addestratore. Richiamai Luger e lo rimisi di nuovo in posizione, ma adesso era agitato perché non aveva potuto giocare a tirare il manicotto. Poi, apparve di nuovo l'addestratore con il passamontagna e iniziò a correre. Ancora una volta, Luger partì come un missile. Ma questa volta, il manicotto cadde dal braccio dell'addestratore. Luger, l'addestratore e io ci bloccammo. Luger aveva quasi affondato i denti nel braccio del criminale, dopo aver saltato un ostacolo di circa un metro e mezzo. Richiamai Luger e lui si fermò, tornò indietro, prese il manicotto da terra e lo ridusse a brandelli per la gioia del pubblico.

SALLY LA PROVOCATRICE

Un nuovo cane nella mia scuola di addestramento provoca sempre eccitazione, ma niente in confronto a Sally, un'adorabile cagnetta Retriever bionda.
I cani dell'addestramento erano principalmente adolescenti, quindi c'era un alto tasso di ormoni nell'aria. Quando Sally fu presentata al resto dei cani, mi resi conto che alcuni di loro erano reticenti a lasciarla e anche scontrosi con gli altri: insolito, visto che normalmente hanno un buon rapporto. Sally era a suo agio, dimenava la coda davanti a loro e si guadagnò subito il soprannome di Sally la provocatrice. Finora i cani di questo gruppo avevano seguito molto bene il loro addestramento, ma al vederli quella sera si poteva pensare che fosse il primo giorno per molti di loro. Erano inquieti al "Fermo" e tutti i richiami dovevano essere fatti con il guinzaglio. Siccome era la prima volta per la padrona di Sally, ero un po' imbarazzata per la pessima performance degli altri cani, e preoccupata che non le piacesse la scuola. D'altra parte Sally rispondeva bene. Di fatto, si comportava già meglio di molti dei cani giovani che avevano fatto l'addestramento per settimane. Visto che era stato un giorno caldo e l'aria era afosa, pensavo che stesse per arrivare un temporale e che fosse questo a rendere nervosi i cani.
La padrona di un Labrador molto vivace diceva che il suo cane diventava ansioso all'avvicinarsi dei tuoni e che certamente il cane poteva percepirlo. Alla fine della lezione, i cani sembravano aver iniziato a rispondere con l'aiuto di gratificazioni extra. Mentre stava lasciando il parcheggio, la padrona di Sally tirò giù il finestrino e disse: "Grazie. Non pensavo che Sally sarebbe andata tanto bene; non ero sicura se fosse un bene portarla qui, perché pensavo che si sarebbe comportata male e che non sarebbe stata capace di concentrarsi con un gruppo

di cani attorno". Ancora non avevo capito la verità, quindi sorrisi e risposi: "Certo, si è comportata molto bene, è adorabile e cordiale". "Certo che lo è!", disse la signora, "ma alcuni cani possono diventare un po' scontrosi quando c'è intorno una cagna in calore. Ciao!", e se ne andò. Trascorsi il giorno seguente pulendo e lavando la scuola, per eliminare l'odore di Sally. Telefonai alla padrona per spiegarle che mentre Sally era in calore non poteva venire alle lezioni di addestramento. Era il primo cane che questa donna avesse mai avuto e non aveva avuto il tempo di leggere le regole nella tessera per i soci. Entrambe ritornarono una volta finito il periodo in calore e Sally si integrò tranquillamente. Ma il suo soprannome rimase.

SEBASTIAN IL BARBONCINO

Gestire una scuola di addestramento per cani implica incontrarsi con ogni tipo di persona e ogni tipo di cane. La maggior parte di loro è splendida. Una cosa che hanno in comune tutti i padroni è che amano i loro cani. Un'altra è che non sempre li capiscono. Mi viene in mente una signora in particolare. Aveva sempre un vestito immacolato e parlava molto bene, ma conosceva poco il suo cane. Era un cane giovane, un barboncino comune chiamato Sebastian, dai modi non così distinti come quelli della padrona. Lei lo adorava, anche se Sebastian chiaramente la portava ogni tanto al limite della sopportazione. Un Natale, la donna aveva lasciato il cane in cucina per qualche minuto, mentre andava a ricevere i parenti che arrivavano per pranzo. Fortunatamente per lei, tutti loro amavano i cani: meno male, perché appena si era girata, Sebastian il discolo aveva portato via dalla cucina il tacchino appena cucinato. Dopo aver mangiato soltanto del prosciutto freddo con un po' di contorno, la famiglia si era sistemata per trascorrere un pomeriggio in santa pace, rovinato soltanto dalle flatulenze di Sebastian (il tacchino piace ai cani, ma troppo spesso ha anche questo effetto), che pensò bene di vomitare anche sul tappeto. Il primo viaggio di Sebastian dal parrucchiere non andò come previsto: fu così discolo che loro si rifiutarono di fissare un altro appuntamento. Appena tornato a casa, il cane andò direttamente in giardino e si rotolò a lungo nell'aiuola. Dopo questo episodio, Sebastian fu portato nella mia scuola di addestramento. Feci una lunga chiacchierata con la padrona sul suo comportamento e lei si trovò d'accordo sul fatto di averlo viziato, ma era ora decisa a farlo diventare un cane ben educato. Mi spiegò che fin da bambina aveva sempre voluto un barboncino, perché le sembravano molto glamour. Il problema con Sebastian, secondo lei, era che lui non è per niente alla moda. Aveva soltanto sei mesi quando le mise a soqquadro tutta la casa, "e", sussurrò, "ha anche mangiato la cacca del gatto". Per essere onesti con Sebastian, bisogna dire che lui era molto intelligente e che apprese subito l'addestramento. La padrona cambiò i suoi bei pantaloni bianchi con dei pantaloni marroni e stivali di gomma, e prese il controllo. Presto lui iniziò a comportarsi bene anche dal nuovo parrucchiere. Non rubava più il cibo, né mangiava più la cacca del gatto (una prelibatezza per un cane). L'ordine "Lascia" veniva usato di frequente. Un pomeriggio, mentre facevamo pratica col comando "Fermo", Sebastian decise di prendersi la libertà di pulirsi in modo molto intimo. Ancora una volta, la sua padrona mi sussurrò, molto imbarazzata: "Perché fa così?". Io davvero non seppi trattenermi. "Perché lui può", fu tutto quello che riuscii a dire. Per un attimo, stette in silenzio, ma poi scoppiò in una risata. "Va bene, lui è sempre Sebastian, no?", disse sghignazzando. I due continuarono con il loro

addestramento per diversi corsi, e sono anche riusciti a vincere qualche premio in esibizioni locali. L'ultima volta che ho parlato con lei, stava considerando l'idea di prendere un secondo cane come compagno di giochi per

Un gran conforto e compagnia.

Sebastian – magari una cagnetta, ovviamente, perché anche questa dolce signora capiva che un Sebastian in famiglia era sufficiente.

INDICE

RICONOSCIMENTI E RINGRAZIAMENTI

L'autrice e i redattori vorrebbero ringraziare le seguenti agenzie per aver fornito ulteriore materiale fotografico: Shutterstock: 63, 66, 82, 107; Interpet: 71, 93, 101, 117; Dorling Kindersley: 135, 127. Su vorrebbe inoltre ringraziare personalmente le seguenti persone: prima di tutto il fotografo, Bill Stephenson, per avermi convinta a fare questo libro, e per la sua pazienza e comprensione durante le sessioni fotografiche. E, ovviamente, grazie a tutti gli allievi (e i loro cani) presenti nel libro, e agli allenatori, Colin Arthur (Flyn e Barley); Margaret Moores (Domino); Paul Madeley (Roxy e Prince); Phil e Jaqui Lees (Barney e Gizmo); Heather Gordon (Hamish); Gary Dutton (Monkey e Tinker); Nichola Riley (Sophie); Samantha Brown (Jola); Ian Millward (Tsar e Reece); non solo per il grandissimo aiuto che mi hanno dato, ma per essere stati dei modelli eccellenti e avere dei cani che si sono comportati molto bene durante le foto. Grazie a Jane Redican (Rodrey) per l'aiuto col trucco e col guardaroba; a Fiona Martin (Ada) per aver fatto da modello e aver dato una mano con gli scatti; a Samantha Arthur per essere stata un modello eccellente con cui è un piacere lavorare; a Colin e Sam e ai loro bambini, Connor e Jersey; a Margaret Moores, un ringraziamento supplementare per l'aiuto e l'incoraggiamento che mi hai dato mentre scrivevo; a Mandy Cain (Rye e Jess) per l'attrezzatura da Flyball; a Terry e Shirley Heath (Bracken e Shap) per l'uso della loro fattoria; a Pearl e David Stonier (Bertie) che ci hanno prestato la loro casa per fare delle foto; e a Kevin Fairclough per il suo preziosissimo aiuto con il computer. Grazie a mia madre Glenise, a mio fratello Alan (Genna) e a mio nipote Elliot (Millie) per l'aiuto e per aver viaggiato a lungo. E, per ultimi ma non ultimi, grazie ai miei cani Soni e Gal e al gatto Roger.